世界の考古学

地中海の水中文化遺産

中西裕見子・片桐千亜紀

同成社

シチリアの離島、レヴァンゾ島。地中海の中でも特に透明度の高い海。海底の白砂に船の影が映り、レヴァンゾ島の港の船はすべてが空飛ぶ船のよう。この島の入江にも古代ローマの遺跡が沈む。

レヴァンゾ島沖、カラ・ミノラ沈没船遺跡。水深約 30 m。海底を泳ぎ進むとポシドニアの茂みが突然開け、大量のアンフォラが姿を現す。レヴァンゾ島のミノラ入江に 100 点を超えるアンフォラと船の錨が沈む。

この彫像があるのは、イタリア、ナポリからほど近いバイア湾に沈むバイア海底遺跡。古代ローマ時代の街の遺跡である。ここはローマ帝国の皇帝や貴族たちが別荘を建てた温泉保養地だった。現在海に沈む彫像は藻がこびりつき、古代からそこに佇んでいるように見えるがレプリカで、海底で見つかった実物は、近くのバイア城考古学博物館に展示されている。

色大理石の細工が素晴らしい床。2000年近くも海底に沈んでいたとは思えないほど美しい状態で保存されている。バイア海底遺跡では、このような重要な遺構には、劣化を避けるために常に覆いが被せられている。認定されたガイドだけが、それを取り除いて見学者に見せることができる。

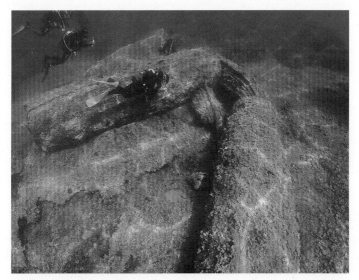

シラクーザ県の小さな港町マルザメーミの沖。神殿に使われるような巨大な大理石の柱が沈む。この遺跡は浅い海底に沈んでいるので、シュノーケルで見学することもできる。

ギリシャ、ペロポネソス半島近くのサピエンツァ島沖では、海底に大量の石の棺がごろごろと転がる謎めいた光景を目にすることができる。最終仕上げの装飾だけを残し、未完のままで輸送される途中で船が沈んでしまった。

エーゲ海の南端、クレタ島の沖に沈む蒸気船。船の構造物がよく残る上に、一面に石炭が広がっているようすは大迫力。燃料となる多量の石炭の存在から、この船が帆船ではなく蒸気船だったことがわかる。

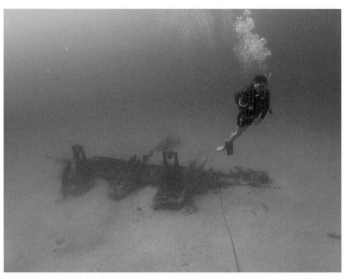

どこまでも青く美しいマルタ島の海。地中海有数のビーチリゾートの沖で、海底の白砂の上に裏返しになった飛行機が横たわる。第二次世界大戦で使われていたイギリスの戦闘機ブリストル・ボウファイターが、マルタ島の沖で不時着し、沈んだ。海の遺跡から、戦争の歴史も語られる。

は じ め に

　地中海——それは青く輝く海、白い家々が建ち並ぶ島々、豊富な海産物とハーブに彩られた美味しい料理、夢のようなリゾート地……そんな景色を思い浮かべる人も多いだろう。そんな地中海とその海を囲む国々には古くから文明が栄え、数多くの遺跡があることもよく知られている。ギリシャやイタリアなどの大陸半島部、エーゲ海の島々は特に有名であり、古代ギリシャのポリスの数々や、ローマ帝国の素晴らしい遺跡がひしめき合う地域である。これらの遺跡は陸上に限らず、実は海の底にも沈んでいる。なぜならば、地中海を囲む地域では海が核となって人々の生活が成り立っていたといっても過言ではないからだ。海洋資源は食料となり、交易品となる。ワインや食料が入れられたアンフォラ（壺）や建造物に使われる貴重な石材など大容量・大重量の物資は、陸上で牛やロバに担がせるよりも、船により島から島へ、港から港へと運ぶほうが容易である。交易品の横取りを目論む海賊の襲来を受けたり、貴重な資源の源であり、輸送路でもある海の支配権をかけて海戦が繰り広げられたりすることもあったろう。地中海を囲む国々の文化は、この海を介して広がるとともに、海の底にはその歴史が遺跡として積み重なって残されることになった。本書では、そのような地中海で展開された人類史を、海底に眠る遺跡を核として概観する。そして現代に生きる私たちが今も遺跡が語る歴史を海底で目の当たりにすることができる事例について紹介する。

　筆者らが地中海の水中文化遺産に興味を抱き、実際に現地で調査を始めたことにはきっかけがあった。私たちは多くの共同研究者たちとともに沖縄海域をフィールドとして水中文化遺産の調査研究を実施している（南西諸島水中文化遺産研究会編 2014、Ono et al. 2016、Kan et al. 2018 など）。一定の研究成果が出て遺跡の評価ができたものについては、次の段階として、水中文化遺産を保護するための仕組みづくりが必要であることに気づいた。その試みとして沖縄では久米島や石垣島で、水中文化遺産の実験的な公開を行ってきた（片桐ほか 2012、琉球新報 2013、中西ほか 2018）。その過程でよく議論したのは、「沈没船などの遺跡の存在が一般に知られてしまったら、盗掘などにあうのではないか。秘密にしたほうがよいのではないか」という問いである。その可能性も大いにあるだろう。しかし、私たちが到達した結論は「保存のためのアクセスや情報はできるだけ制限しない、かと言って保護を無視した流行の活用一辺倒に流されて文化遺産を疲弊させない、それらを前提とした上で、保存と活用が共存し、その状態が持続可能な方法を模索する」だった。それを海の底に沈んだ遺跡で行おうという試みである。最終目標は、水中文化遺産を、現地で、地元の人たちが地域の歴史と文化の象徴として誇りにし、それを貴重な資源として活用し、それがそのまま保存にも貢献することになる仕組を構築すること。この夢のような話にチャレンジすることを決めた。

　骨子はできた。次に必要なことは実践の蓄積だ。しかし、闇雲に実践するよりも、まずは先進地域の調査を行い、良い点、悪い点について知っておくほうが有効である。そのために、沖縄と類似した海域・環境をもつ地中海地域に目を向け、実際に足を運んだ。

　まずはイタリアである。世界的にも有名な活用事例として知られていたナポリ近郊に所在するバイア水中公園（parco sommerso di Baia、野上・ペトレッラ 2007）の現状を調査することから始めた。ここは、ローマ帝国の皇帝クラウディウス（Claudius 紀元41〜54年在位）の別荘ヴィッラ（villa）をはじめ当時のローマの有力者のヴィッラが数多く並び、温泉保養地として栄えていた街であったが、ヴェスヴィオ火山の噴火など繰り返される地殻変動により少しずつ海に沈んだ。遺跡の多くは海底にも残され、今ではまるごと海底遺跡公園となっている。本書の第4章で紹介する。

　その後、同じイタリアでも沈没船遺跡の公開事例が多くあるシチリア（Sicilia）で、地元ダイビングサービスとシチリア自治州海事考古遺産局（Soprintendenza del Mare, Regione Siciliana Assessorato regionale dei Beni culturali e dell'Identità siciliana, Dipartimento dei Beni culturali e dell'Identità siciliana）との契約に基づいて遺跡が公開活用されている、レヴァンゾ（Levanzo）島沿岸部の古代ローマ時代の沈没船の事例を調査した（中西ほか 2017）。そこには船に積まれていたおびただしい量のアンフォラが沈んでいる。レヴァンゾ島は、シチリア島の北西に位置し、どこまでも青く、透きとおった海に囲まれた小さな島である。そして、レヴァンゾ島を含むエガディ（Egadi）諸島は、紀元前3世紀、第一次ポエニ戦争でローマの勝利を決定的にした、エガディ海戦の舞台であり、地中海地域の歴史を語る上で欠くことのできない重要な海域である。これは本書の第3章で紹介する。

　同じ旅で、シチリア島からレックダイビング（船や飛行機など、海に沈没した陸上の乗り物を見学するレジャーダイビング）のメッ

カ、マルタ島へ船で渡った。古代の遺跡も数多く沈む海域ではあるが、ここでは第7章で紹介する第二次世界大戦で使用されたイギリスの戦闘機、ブリストル・ボウファイターの事例を見た。

　その後、旅はギリシャへ。イタリアよりさらに古くからヨーロッパの文明の中心であり、数多くの沈没船遺跡が発見されている。ペロポネソス半島のイオニア海沿岸部、ナヴァリノ湾（Navarino）からサピエンツァ（Sapienza）島周辺の海域では、ギリシャ水中文化遺産局（Hellenic Ephorate of Underwater Antiquities）が沈没船の遺跡をバイアでのように海底遺跡公園として常時公開することを計画している。そこで3件の水中文化遺産を訪れた。第5章で紹介する石棺の沈没船と第6章で紹介する石柱の沈没船、そして第2章で紹介するメソーニ湾に沈んだ集落の遺跡である。

　続いて訪れたのは神話の島クレタ（Kriti）島である。イラクリオン近海、ディア（Dia）島という小さな島の周りには様々な時代の沈没船が沈む。第7章でこの中の近代の沈没船について紹介する。クレタ島はエーゲ海の終わり、すぐ向こうはアフリカである。古来も今も、オキシデント（Occident）とオリエント（Orient）を結ぶ海上交通の要所である。政治的にも軍事的にも、極めて重要な島だった。中世に地中海の女王とたたえられたヴェネツィア（Venezia）共和国が、強大化したトルコのオスマン帝国に対して死闘を繰り返しながらも、なんとしても自国の領土として守り抜きたかった島としても有名である。

　このような先進地域の調査は4年に及んだ。しかしそれでもなお、地中海という広大な世界のなかで、極めて限られた海域のなかから、ほんのいくつかの事例をピックアップできたに過ぎない。た

だしすべて海底で遺跡が現地保存されている（preserved *in situ*）もので、遺跡として現地に残されていることの重要性が伝わるものを選んだ。引き揚げられて博物館に展示されているだけのものではない。偏りや情報不足は否めないが、補われるべき情報は、ぜひ実際に足を運び、ダイビング器材を背負って、皆さん自身で確かめていただきたい。

　調査は沖縄海域における水中文化遺産の保存・活用の仕組みづくりをめざして行ったが、本書は、その副産物として地中海というフィールドへ誘う本になればと思って書いた。そのため、本書の内容は筆者らの力だけでできたものではなく、多くの友人、先輩、ダイビングサービスとの共同調査や日々の議論が核となっている。この本の読者が、これを読んで、「海のロマンと未知の世界に刺激を受けた、興奮した」などと思ってくだされば幸いであるが、それ以上に「自分も行ける、行ってみよう！」と思ってくださる本にしたいと願って書いた。

　次の旅は地中海、そして海の底に沈む遺跡へ思いを馳せられるような計画にしてみてはいかがでしょうか。

中西裕見子・片桐千亜紀

目　　次

はじめに

第1章　地中海とその覇権の歴史 ………………………………… 3

　　第1節　地中海とは　3
　　第2節　地中海の覇権　4

第2章　海に沈んだ先史時代の都市遺跡 ……………………… 29

　　第1節　ギリシャ文明の誕生　29
　　第2節　メソーニ湾の水中考古学調査　42
　　第3節　ピュロスの水中文化遺産博物館　46

第3章　ローマ共和政時代の沈没船 …………………………… 53

　　第1節　アンフォラの船　53
　　第2節　シチリア島の水中文化遺産保護　69

第4章　海底から蘇ったローマ皇帝のヴィッラ ……………… 83

　　第1節　ローマ帝国と温泉保養地バイア　83
　　第2節　陸と海のバイア遺跡　88
　　第3節　バイア海底遺跡の管理　102

第5章　ローマ帝国時代の沈没船 ················· 123
　　第1節　神殿柱の船　　124
　　第2節　死者のための船　　133

第6章　海洋都市国家時代の沈没船 ················· 143
　　第1節　海洋都市国家と地中海　　143
　　第2節　石柱の船　　150
　　第3節　ギリシャの水中文化遺産保護　　153

第7章　近代の沈没船から沈没戦闘機へ ················· 163
　　第1節　地中海から七つの海へ　　163
　　第2節　クレタに沈んだ蒸気船　　169
　　第3節　マルタに沈んだWWⅡ戦闘機　　179

終　章　海が語り継ぐ歴史 ················· 193

関連年表　　203
参考文献　　219
あとがき　　225

カバー写真
　ギリシャ、サピエンツァ島の沖に沈む巨大な石柱。ここには輸送途中で沈んだ船に積まれていた巨大な石柱が折り重なって転がっている。浅いところに沈んでいるので、海の水が透き通っているここでは水面からも見える。

装丁　吉永聖児

地中海の水中文化遺産

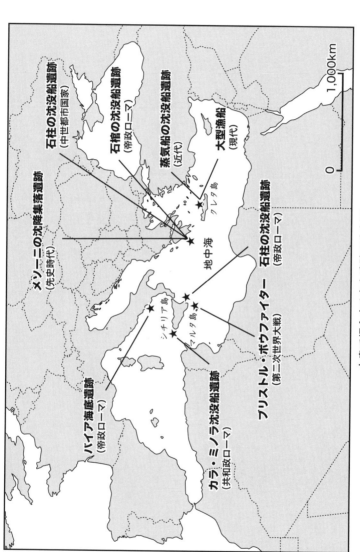

メソニアの沈降集落遺跡
（先史時代）

石柱の沈没船遺跡
（中世都市国家）

石棺の沈没船遺跡
（帝政ローマ）

蒸気船の沈没船遺跡
（近代）

大型漁船
（現代）

クレタ島

地中海

石柱・ボウファイター　石柱の沈没船遺跡
（帝政ローマ）

ブリストル・ボウファイター
（第二次世界大戦）

バイア海底遺跡
（帝政ローマ）

シチリア島

マルタ島

カラ・ミノラ沈没船遺跡
（共和政ローマ）

0　　1,000km

本書で紹介する主な遺跡の分布図

第1章　地中海とその覇権の歴史

第1節　地中海とは

　地中海（Mediterranean Sea）とは、その名が表すとおり、「陸地（terra）」に囲まれた、「間（med-）」にある内海のことである。北から西へかけてはヨーロッパ、南はアフリカ、東はオリエントに囲まれた海域世界で、西はジブラルタル海峡から北大西洋へ、東はダーダネルス海峡から黒海へ、南はスエズ運河からインド洋へつながる。巨大なプレートの衝突によりできた海とされており、全域に火山が分布する。誰もが一度は耳にしたことがある、ナポリ湾近くのヴェスヴィオ火山やシチリア島のエトナ山、エーゲ海のサントリーニ島などはその代表例である。

　夏はアフリカ側から北上する高気圧により乾燥し、天気のよい日が続く。冬は北から南下する低気圧の影響を受け、比較的湿潤で雨も多い。地中海沿岸域独特の気候は、地中海性気候と呼ばれ、概観すると、東へ行くほど気温が高くなる。地中海の南側、アフリカ大陸からアラビア半島の南側は年中高気圧に覆われた砂漠地帯で、亜熱帯に属する。この地域の大地は乾燥しているとはいえ、オリーブ、レモンなどの柑橘類やぶどう、イチジクなどが盛んに栽培され、農産物にも恵まれた豊かな地域が多い。内海なので海は比較的

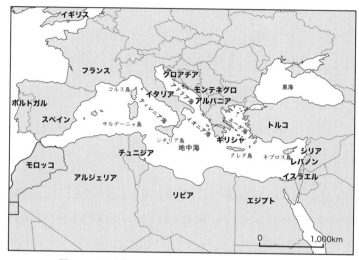

図1-1 地中海地域の地図（点線は現在の国境、以下同）

穏やかで、海岸線が複雑に入り組んでいることから良港に恵まれる。このため、ヨーロッパ、アフリカ、オリエントの3つの地域をつなぐこの海は、古代から盛んな海上交易の舞台であった。本書で対象とするのはヨーロッパ海域、なかでもイタリアとギリシャを中心とする地中海の中央部である。古代の地中海地域で、1つのまとまりをもって連動する文明が栄えたのは、地中海という重要な交通路を介して、人やものが移動し、交流していたことによる。

第2節　地中海の覇権

地中海沿岸部で、最初に文明が栄えたのは東側のオリエント、そして南側のエジプトである。その後、ヨーロッパに牧畜や農耕と

いった新石器時代の文明的要素が伝わり、国家形成へとつながっていく。地中海をとりまく地域では文明的要素は、東から西へと広がっていったようだ。地中海では、いくつもの国家が誕生するが、そのなかには覇権を握る国家が現れるのも世の常である。そして地中海の覇権は移動し続ける。常にひとところにあるのではなく、さまざまな共同体や国家が勢力争いを繰り広げ、その覇者は幾度も交代してきたことがわかっている。本書では、その覇権の推移を見ながら、主だった動きとともに、関連する海の底に沈む遺跡を紹介する。

キクラデス文明

　本書で対象とする地中海中央部は、紀元前 3000 年期頃にはオリエントからの影響のもと青銅器文化が伝わる。初期青銅器時代、その始まりはキクラデス（Kyklades）といわれるエーゲ海の島々からだったようだ。キクラデス諸島とは南エーゲ海の中央部に点在する大小あわせて約 220 の島々のことをいう。碧い海に囲まれた風光明媚な乾いた島々に白い建物が並び、地中海でも有数のリゾートとして知られている海洋世界だ。キクラデス文明はこの地域で最初に栄えた。未だに謎の多い文明であり、これまでに発掘され、報告書が出版された遺跡はアモルゴス島（Amorgos）のマルキアニ遺跡、ナクソス島（Naxos）のパノルモス遺跡などごくわずかである。この文明の最も特徴的なものは、キュクラデス型小像と呼ばれる白く [1] 抽象的な形態の大理石小像であろう。20 世紀にはコレクションブームさえ引き起こした。また、キクラデス諸島は各々の島では極めて限られた資源をもつのみだが、その反面、島々で異なる資源を

図1-2 キクラデスの風景と白い街並み（サントリーニ島）

産出するという特徴をもっている。これらを交換することによって
初めて、キクラデス諸島全域として、さまざまな種類の豊富な資源
を手に入れることができる。このような、海を介した資源の交換を
通じた文化的交流が、この海域での一体的な文明の早期成立につな
がったと考えられている。つまり、資源の偏在が交流と交換の必要
性を促し、その手段として船と航海技術が発達し、そこから海洋文
明が成立した。紀元前2500年頃には、キクラデス諸島の人々は
エーゲ海および東地中海における金属の取引を支配していたが、紀
元前2000年頃になるとその文明の一時代は幕を閉じる。第2章で
紹介するメソーニ湾に沈む集落遺跡は、そのような時代の遺跡であ
る。

噴火で埋もれた街

その後、歴史の表舞台に立つのはクレタ島のミノア文明、そしてギリシャ本土のミュケナイ文明である。キクラデス諸島は、この新たな文明の影響下で繁栄を続け、大規模な墳墓や集落が出現する。宮殿を中心とする「都市」と呼ぶにふさわしいものも成立していく。エーゲ海に浮かぶ火山島である、サントリーニ島（Santorini/Thira）の南部にあるアクロティリ遺跡はその代表的な集落遺跡である。1960年代から発掘調査が進み、遺跡の一部が公開されている。集落には3階建ての家屋など、高度な技術をもって建てられたものや、芸術性の高いフレスコ壁画などが見つかっている。宮殿と呼べるようなものは見つかっていないことから、強大な権力の集中がない緩やかな社会構造だったと言われている。

サントリーニ島では、たび重なる噴火と激震に見舞われ、アクロティリもやがて放棄された。紀元前1500年頃の火山大噴火では、島の大半が水没した。この噴火で、本来あった島の大半は沈んでしまい、現存するのは当時の3分の1ほどに過ぎない。海の底には未だ未発見の当時の遺跡が多く沈んでいるはずだ。

現在のサントリーニ島は、青い空と海、断崖の上に建ち並ぶ白い家々、目を見張るような美しい景色を見せるリゾートアイランドとして知られている。そのような姿からは想像もできない激しい歴史が海の底に埋もれている。

ミノア文明

舞台をクレタ島に移そう。同じ頃、エーゲ海の南端に位置するクレタ島ではミノア文明が栄えていた。クレタ島は、サントリーニ島

図1-3　サントリーニ島の風景

図1-4　アクロティリ遺跡

図1-5
アクロティリ遺跡の壁画
（現地で解説パネルを撮影）

から南へ 200 km ほど、船で紺碧のエーゲ海を眺めつつ 4 時間ほど
走る先にある。東西の長さが約 250 km を測り、エーゲ海で最も大
きな島である。詩人ホメロスが「葡萄酒色の海のなかにクレーテと
いう島がある」と歌い、主神ゼウスが誕生したとされる神話の島
だ。そのクレタの向こうは、もうアフリカ。クレタ島でも人々が集
住し、国家がつくられていく。紀元前 1900 年頃までにはクノッソ
ス（Knossos）やファイストス（Phaistos）をはじめとした都市で、
いくつも大宮殿が建設された。とりわけ、イギリス人考古学者アー
サー・エヴァンス（Sir Arthur John Evans 1851～1941）が調査し
たことで知られるクノッソスの宮殿はその規模、豪華さともに卓越
している。ここは、ギリシャ神話に登場する牛の頭と人の体をもつ
怪獣ミノタウロスが閉じ込められていた大迷宮のラビュリントス、
またイカロスが"蝋で固めた鳥の羽"で飛び立った迷宮にも例えら
れている。宮殿は極めて高度な技術をもって造られているが、後出
するミュケナイ文明の宮殿のような荒々しい城塞的特徴はなく、む
しろ優雅さが際立っている。宮殿の壁には、人物やタコやイルカな
どの海洋生物が生き生きと描かれている。ホメロスの『オデュッセ
イア』（Odysseia）には、この王宮のミノス王はクレタ島の 90 の
都市を支配していたとある。富と支配の象徴ともいえる宮殿の存在
（サントリーニ島のアクロティリ遺跡からは見つかっていない）か
らもわかるように、人口と生産力が急激に向上し、中央集権的な国家
が成立していた。サントリーニ島が沈んだ大噴火により、近接する
クレタ島も壊滅的な打撃を被ったと考えられるが、短期間で美しい
都市の復旧を遂げた。宮殿の装飾や出土遺物は美術品としても素晴
らしい。壁画や印章に描かれた様子からは祭祀や信仰の存在が想定

図 1-6
クノッソス宮殿

図 1-7
クノッソス
宮殿の玉座

され、また、線文字 A・B が刻まれた粘土板など、文字をもっていたことがわかる遺物も出土する。未だに解読されていない線文字 A がクレタの文字で、それに学んでミュケナイのギリシャ人が線文字 B を作ったといわれる。その国家の集権度合いや規模は、オリエントとは性質が異なるものだと考えられるが、海へ出て、ギリシャやアナトリア、エジプトなどの周辺地域と、地中海を経て交流があったことは出土品などからもわかっている。特にエジプトの小

図1-8　クノッソス宮殿の壁画（青の貴婦人たち・イルカ）
イラクリオン考古博物館展示（Heraklion Archaeological Museum）

図1-9
クノッソスの出土遺物
（2匹のヘビをもつ女神・牡牛の頭部）
イラクリオン考古博物館展示
（Heraklion Archaeological Museum）

像や神像の出土は、この遺跡の年代特定に結びついた。

ミュケナイ文明

一方、紀元前2000年頃、ギリシャ本土の青銅器時代では、北方

から南下して来たいわゆる最初の「ギリシャ人」がクレタ島やオリエントからの影響を受けて築いたミュケナイの文明が栄える。紀元前 1600 年頃からギリシャ各地に強力な軍事支配者が現れ、城壁をもつ王国が生まれた。ミュケナイはその代表格で、頑丈な城塞に囲まれた集落を築き、巨大な円形墳墓（トロス）を築造した。獅子門に導かれる城塞遺跡はあまりに有名であり、王墓と考えられている円形墳墓から発掘された豪華な副葬品は、ホメロスが歌った「黄金に満ち足りたミュケナイ」を思わせる。本書の第 2 章で紹介する水中文化遺産博物館のあるピュロス（Pylos）にも、著名なミュケナイの遺跡がある。粘土板文書が多く見つかっていることから、線文字 B が使用されていたことがわかる。この線文字 B は 1950 年代にヴェントリス（Michael George Francis Ventris 1922〜56）とチャドウィック（John Chadwick 1920〜98）により解読された。出土粘土板の多くは、財産目録や帳簿のようなものであったという。

　ミュケナイ文明は紀元前 1200 年頃、突然破壊され滅亡した。はっきりした原因はわかっていない。その後ギリシャは暗黒時代と呼ばれる混乱した時代に入り、鉄器時代に移行していった。この 400 年ほどの間には、人口も減少した。

ポリスの誕生

　紀元前 8 世紀に入ると、各地で有力な貴族の指導のもとにいくつかの集落が連合し、アクロポリスを中心に人々が集住して都市をたてた。これをポリスという。ポリスが防衛拠点となり定住化が進んだため、社会は安定し、暗黒時代は終結に向かう。人口の増加により土地が不足しはじめ、紀元前 8 世紀半ばからギリシャ人は大規模

図 1-10
ミュケナイ遺跡の獅子門

図 1-11　ミュケナイ遺跡の円形墳墓

な植民活動に乗り出した。地中海と黒海の沿岸各地に植民市を建設
し、交易活動を活発化させ、文明がもつ高度な技術や思想を拡散さ
せることになった。各々のポリスは独立国家で、古代ギリシャは常
に小国分立状態にあった。ポリス同士が同盟を結ぶことはあっても
統一国家をつくることはなかった。常に強大な中央集権国家を形成

図1-12　古代アゴラから見たアクロポリスとパルテノン神殿

するオリエントとはここが大きく異なる。

ギリシャの覇権

　近年黒海のブルガリア沖の深海底で見つかった紀元前500年頃の
古代ギリシャの商船などからもわかるように、海はさらに活発化し
た海上交易の舞台となっていく。この時期、地中海を通って外に出
たギリシャ人が、イタリア半島やシチリア島の沿岸部に植民地を築
いていく。このポリスが繁栄した時代、統一国家は成立しなかった
とはいえ、地中海から黒海の覇権はギリシャ人が握っていた。第4
章で紹介するローマ帝国時代のバイア遺跡がある海域の大都市ナポ
リも、第5章で紹介する大理石の柱の遺跡があるシチリア海域の中
心都市シラクーザも、もとはといえばギリシャ人が移住して開いた
ポリスに始まる。

図 1-13　スパルタの劇場跡とタイゲトス山脈（観客席から見て舞台の背後にそ
　　　　　びえたつタイゲトスの山々が、借景のように効果的な舞台背景となる）

　アテネとスパルタ　なかでもアテネは力をつけ、ポリス社会のも
とで素晴らしい文化や芸術を開花させた。紀元前 5 世紀後半に造ら
れたパルテノン神殿はドーリア式建築の傑作といわれる。アテネを
訪れたものはその威容に心を打たれるだろう。

　しかし、そこに東方の専制君主国家からの干渉が寄せられる。紀
元前 6 世紀頃現在のイラン周辺でアケメネス朝ペルシャが起こり、
3 代目の王であるダレイオス 1 世とその子クセルクセス王は、紀元
前 5 世紀前半にギリシャへ侵攻する。この頃、スパルタとアテネは
ポリスの二大勢力として常に対立関係にあったが、このときばかり
は力を合わせて東方の専制君主国家に立ち向かった。スパルタはレ
オニダス王のもとテルモピュレーで 300 人の兵士全員が戦死すると
いう壮絶な戦いを経て敗れた。その一方でアテネがテミストクレス

の指揮のもと海戦で勝利を収め、また領土内のギリシャ人による内乱の誘発という協力も効果を発揮し、ペルシャはギリシャをあきらめることになった。これら一連の戦いはたいへん有名であり、ハリウッド映画にもなっている。⁽²⁾

ポリス間の勢力争いは、民主政ポリスのアテネを盟主とするデロス同盟と、貴族政ポリスであるスパルタを盟主とするペロポネソス同盟に集約されていき、紀元前431年、二者はついに衝突する。ペロポネソス戦争の始まりである。この戦いは紀元前404年にスパルタ側の勝利で終わるが、アテネもその後勢力を回復し、有力ポリス間の争いはいぜん収まらず戦争は絶えなかった。

アレクサンドロス大王　そこに転機が訪れる。現在のギリシャ北方にあたるマケドニアが王フィリッポス2世のもとで力をつけ、スパルタ以外のすべてのポリスを支配下に収める。その息子アレクサンドロス大王は、これまでたびたびギリシャに侵入してきたペルシャを撃つため、マケドニアとギリシャの連合軍を率いて紀元前334年に東方遠征に出発した。アレクサンドロス大王はエジプトやペルシャで大勝を収め、これによりペルシャ帝国は滅亡する。インド北西部までの続く大帝国を築いたアレクサンドロスの帝国は地中海のみならず、ペルシャ湾にまで及ぶ広大な地域の覇者となった。しかし、大王が若くして熱病で急死してしまったことから、巨大化した王国は後継者争いを発して分裂し、長くは続かなかった。

ローマの台頭

その頃、力をつけはじめていたのがローマである。地中海のやや西側、イタリア半島に紀元前1000年頃北方から南下して来たラテ

図1-14　アレクサンドロス大王が治めたマケドニア王国の首都ペラ

ン人の一派によって築かれたといわれる都市国家であった。伝説に
よると、紀元前753年、ローマは狼に育てられた双子の兄弟ロムル
スとレムスのうち、2人の争いに勝ったロムルスが、パラティーノ
の丘に街を建設したことが始まりといわれる。ロムルスはその街を
ローマと名付け、王位についた。ローマは都市を順調に拡大し、7
つの丘（アウェンティヌス、カピトリヌス、カエリウス、エスクィ
リヌス、パラティヌス（パラティーノ）、クィリナス、ウィシナリ
ス）を治めるようになる。この時代のローマは先住民エトルリア人
をとおしてギリシャ文化の影響を受けていた。7代まで王政が続い
たのち、王が追放された紀元前509年より、ローマは2人の執政官
が政治をつかさどる共和政をとることになる。ここから紀元前27
年にユリウス・カエサル（Gaius Julius Caesar 紀元前100〜紀元前

44年）が帝位につくまでの間を、ローマ共和政と呼ぶ。

　当初はラティウム地方の都市国家に過ぎなかったローマは、次第に力を蓄えていく。他の周辺都市国家とラテン同盟を結び、侵攻するケルト人を一蹴した頃からさらに名声を得る。紀元前4世紀中頃には、カンパニア地方へ侵攻したサムニウム人と繰り返し戦争を行い勝利する。これにより、ローマはイタリア半島の南部に勢力をのばし、イタリア半島の覇者となった。

　ポエニ戦争　その後、ローマはさらに拡大していくことになる。地中海を挟んで対岸に、フェニキア人の都市国家カルタゴが成立していた。カルタゴは西地中海交易により栄え、イベリア半島からサルデーニャ島、シチリア島西部、北アフリカ沿岸部一帯に拠点を築いていた。ローマとカルタゴ、二者の長きにわたる地中海の覇権争いは、あまりにも有名である。紀元前264年の戦いの舞台は、第3章で紹介するカラ・ミノラ（Cala Minola）の沈没船が沈むシチリアのエガディ諸島であった。この第一次ポエニ戦争はローマの勝利に終わり、シチリア島の覇権はローマに渡った。

　ローマの覇権

　地中海の覇者となったローマは、その後さらに勢力を強めマケドニアとギリシャの諸ポリスをも支配下に収めることになるが、続く戦争に疲弊し、内乱の時代を迎えていた。そこに登場するのがユリウス・カエサルである。この誰もが知る英雄は、はじめは共和政護民官の1人に過ぎなかったが、紀元前44年に終身の独裁官となった。この日から東ローマ帝国（ビザンツ帝国）の滅亡までの約1400年間、ローマは事実上、共和政という政体から、皇帝というひとり

図1-15　ローマを代表する風景、ティヴェレ川とサン・ピエトロ寺院

図1-16　第一次ポエニ戦争の舞台、エガディ諸島にあるレヴァンゾ島。カ
ラ・ミノラ沈没船遺跡もここにある。

の権力者に治められる政体へと変化することになる。第4章で紹介するバイア海底遺跡は、ローマ帝国のそのような時代から残る遺跡である。

　地中海を手中におさめたローマはさらに拡大を続け、ブリテン島や大西洋沿岸部を含む西ヨーロッパ全域から北アフリカ、黒海沿岸地域までを手中に収めるようになり、トラヤヌス帝（Trajanus 紀元98〜117年在位）の時代に版図は最大となる。しかし、拡大を極めた帝国も2世紀後半頃になると経済不振や異民族の侵入からそのまとまりが崩れはじめ、そこから内乱状態に陥り疲弊していく。紀元395年、テオドシウス帝（Theodosius 379〜395年在位）は帝国としての機能を維持するため、コンスタンティノープル（現在のイスタンブール）を首都とする東ローマ帝国とローマを首都とする西ローマ帝国に2分した。その後、ゲルマン人の侵入などで混乱を極めた西ローマ帝国は476年に滅亡するが、東ローマ帝国（ビザンツ帝国）は15世紀半ばまで存続する。東ローマ帝国は、ローマ帝国を引き継いで海上交通を利用した貿易や、東のアジアと西のキリスト教世界を結ぶ文明の交差路として栄え、地中海から黒海、紅海を中心に、覇権を握り続けた。

イスラム登場

　6世紀以降に変化がまた訪れる。東ローマ帝国がササン朝ペルシャと争いを続けた結果、東方（オリエント）との貿易が衰退し、帝国全体の国力が低下していく。その一方で、7世紀頃からアラビア半島で起こり力をつけたイスラム勢力が怒濤の勢いで地中海を中心とする西洋世界へ侵攻していった。東ローマ帝国と比べて早々と

図1-17　金角湾とイスタンブールの街並み（奥にブルーモスクが見える。東ローマ帝国の都コンスタンティノープルはここにあった）

西ローマ帝国が滅亡した結果、西ヨーロッパではすでに中世的な封建社会が形成されていた。地中海沿岸部はたび重なるイスラム勢力の侵攻におびえることになる。地中海世界の覇権は、ビザンツ帝国（7世紀以降、ギリシャ人が中心となった東ローマ帝国をビザンツ帝国と呼ぶ）がギリシャと小アジアを占め、東地中海から北アフリカ、イベリア半島までをイスラム勢力が占める構図となる。イタリア半島を中心とする西北側のヨーロッパ地域では、複数の国家や外国支配が乱立し、キリスト教圏ではあったが常にイスラムに脅かされている状態にあった。8世紀頃には地中海はほぼイスラムの海となり、続く9世紀にはイスラムがシチリア島を占領しはじめ、10世紀初頭までにはシチリア全土とサルデーニャ島、マルタ島を支配するまでになった。

海洋都市国家の覇権　しかし、そのようなイスラム勢力に押された社会情勢のなかでも、イタリアの諸都市は地中海交易を基盤として経済発展を遂げ、海運を基軸とするいわゆる海洋都市国家が成長した。なかでも、アマルフィ（Amalfi）、ピサ（Pisa）、ジェノヴァ（Genova）、ヴェネツィアは4大海洋都市国家として繁栄した。まず、南イタリアのアマルフィが地中海に登場する。839年にナポリ公国から独立以来1073年のノルマン人による征服まで、ビザンツ帝国の緩やかな宗主権のもと、ビザンツ帝国と北アフリカとの間で活発な交易を展開して繁栄した。続いてピサが、十字軍遠征の物資輸送を担って東地中海に進出し、十字軍国家での商業特権を得て発展する。そして、13世紀コルシカ島とサルデーニャ島の支配権をめぐるピサとの争いに勝ったジェノヴァがティレニア海での制海権を手にした。ジェノヴァとともに、11世紀初頭に台頭したヴェネツィアとの間には繰り返し争いが起きた。しかしながら1381年にジェノヴァが大敗を喫して以降、ジェノヴァは西地中海から大西洋へ出ていくようになった。西へ向かってアメリカ大陸へたどり着いたコロンブス（Cristoforo Colombo 1451〜1506）は、その時代のジェノヴァの出身と言われ、象徴的な人物であろう。ジェノヴァの船乗りは、その航海技術の高さで知られていた。

ヴェネツィアの独占　ここからしばらくヴェネツィアは東地中海で勢力拡大の政策をとる。イオニア海からエーゲ海にかけての島々、ペロポネソス半島、さらにクレタ島とキプロス島を15世紀半ばまでに領有し、東地中海交易をほぼ独占し覇権を握った。この時代に次々に築かれた植民地では、今もヴェネツィア統治時代の美しい街並みが残る街が数多くある。現在のアテネの街並みより、クレタ島

ご購読ありがとうございます。このハガキをお送りくださった方には
今後小社の出版案内を差し上げます。また、出版案内の送付を希望さ
れない場合は右記□欄にチェックを入れてご返送ください。　□

ふりがな
お名前　　　　　　　　　　　　　　　　　　　歳　　　男・女

〒　　　　　　　　TEL

ご住所

ご職業

お読みになっている新聞・雑誌名

〔新聞名〕　　　　　　　　　　〔雑誌名〕

お買上げ書店名

〔市町村〕　　　　　　　　　　〔書店名〕

愛 読 者 カ ー ド

お買上の
タイトル

本書の出版を何でお知りになりましたか?

　イ. 書店で 　　　　　ロ. 新聞・雑誌の広告で (誌名　　　　　　　　　)

　ハ. 人に勧められて 　ニ. 書評・紹介記事をみて (誌名　　　　　　　　　)

　ホ. その他 (　　　　　　　　　　　　　　　　　　　　　　　　　　　　)

この本についてのご感想・ご意見をお書き下さい。

....

....

....

....

注 文 書 　　年　　月　　日

書　名	税込価格	冊　数

★お支払いは着払いでお願します。また、ご注文金額 (税込) が1万
円未満のときは荷造送料として410円をご負担いただき、1万円以上
は無料になります。なお荷造送料は変更する場合がございます。

イラクリオンの街並みのほうが、断然ヨーロッパ的な様相を呈する。第2章で紹介するペロポネソス半島のイオニア海沿岸部にあるメソーニ（Methoni）もヴェネツィアに統治されていた。第6章で紹介するサピエンツァ島沖の大理石の柱の沈没船は、このようにヴェネツィア共和国の船が頻繁に地中海を往来していた時代の船である。

図1-18　クリストファー・コロンブスの墓
（スペインで死亡し、後にここに墓がつくられた。スペイン、セビーリャ大聖堂）

オスマン帝国の脅威　その後、13世紀に成立したといわれるオスマン帝国が15世紀の半ばから16世紀半ばにかけての100年間に大きく成長する。1453年にコンスタンティノープルを陥落させ、黒海もすでにオスマン帝国の支配する海となっていた。大帝と呼ばれたスレイマン1世のもと16世紀には積極的に西側へ侵攻し、アナトリア半島沿岸のロードス（Ródos）島に拠点を置いていた聖ヨハネ騎士団は島を追われた。オスマン帝国は、ヴェネツィアにとってはもちろん、地中海ヨーロッパ社会の脅威へと成長していくのである。1538年、ヴェネツィアとローマ教皇の呼びかけによるキリスト教

図 1-19　ラグーナに浮かぶヴェネツィア（今も運河をゴンドラが行き交う）

図 1-20
イラクリオンの街並みに残る
ヴェネツィア風の噴水
（ヴェネツィアの守護聖人サン・
マルコを象徴するライオンが噴水
を支える）

　諸国の同盟が、イオニア海岸のプレヴェザ港沖の海戦で敗北する。
これで地中海の覇権をかけた戦いの勢いは完全にイスラム勢力に流
れる。ヴェネツィアはそこから７度にわたるオスマン帝国との戦い
でその海外領土の多くを失った。特に16世紀後半にキプロス島を
失い、17世紀には24年間の長期にわたる戦いをしても失いたくな

図1-21　聖ヨハネ騎士団　グランドマスターの宮殿 (ロードス島)

かったクレタ島を、ついに失った。東地中海域の覇権を失い地位が
低下したヴェネツィアは、これまでのように国際的な海運国家では
もはやなくなり、より限定された海域で活動する地域国家としての
道を歩まざるを得なくなる。

大交易時代

　東地中海の覇権を失ったヨーロッパのキリスト教諸国はイスラム
の覇権下にはない地中海より西側の海、大西洋へ出ていくように
なった。そして航海技術や造船技術を発展させて、より遠く、ヨー
ロッパ人にとっては未知の海域へと進出する。その結果、ヨーロッ
パの強国が覇権を争うのはもはや地中海ではなく、世界の七つの海

図1-22 リスボンの「発見の塔」。先頭にポルトガル航海王子エンリケの像（右：先頭の拡大）

が舞台となる。大航海時代の始まりである。

　ポルトガル王ジョアン1世の子であったエンリケ王子は俗に「エンリケ航海王子」とも呼ばれるほど、大西洋への進出に力を注いだ。15世紀はじめに数々の航海をスポンサーし、マディラ諸島やアゾレス諸島を手中に収めた。そして着実にアフリカへの航海を成功させ、領土と金を獲得していった。

　スペイン王国はアメリカ大陸を手中に収めて"太陽の沈まない国"と呼ばれるまでに繁栄した。オランダ王国は東インド会社の設立によって、遠く東南アジアでの交易を掌握するに至った。江戸時代の日本でオランダが貿易の窓口となり、蘭学が栄えたのはこのような背景による。大英帝国はスペインの無敵艦隊を破った勢いから力をつけて植民地を拡大していき、18世紀後半にはスペインに代

わって“太陽の沈まない国”といわれるまでになった。海をめぐる
覇権争いと覇権の移動はより地球規模の海洋世界へと広がってい
く。第7章で紹介するクレタ島沖に沈む蒸気船は、船籍や詳細は不
明であるものの、近代の幕開けとなったこの時代の船であろう。

空の覇権へ

　栄枯盛衰。繁栄を誇ったオスマン帝国も、1914年に勃発した第
一次世界大戦により終焉へ向かう。第2章で紹介するギリシャの水
中考古学博物館のある街ピュロスは、そのギリシャ独立の象徴的な
戦いの舞台となったナヴァリノ湾に面している。オスマン帝国や
ヴェネツィアの支配を経たこの街は、ペロポネソス半島の複雑な歴
史を街そのものが語る。

　20世紀初頭に航空機が発明されてから、諸国が覇権を争うのは
海だけでなく空にも及ぶようになった。このことにより両世界大戦
は、それ以前の戦いとは大きく様相を異にするようになる。戦闘機
や軍艦など、これらの戦争に関わる遺跡も数多く海の底に沈む。第
7章で紹介する第二次世界大戦で使用されたイギリスの戦闘機ブリ
ストル・ボウファイター（Bristol Beaufighter）の沈むマルタ島は、
第一次、第二次、両世界大戦で地中海の要所として激しい戦いの舞
台となった。マルタは独立時であっても小さな国家で、マルタ一国
が地中海の覇権を握ることはなかったが、ヨーロッパ、アジア、ア
フリカを結ぶ、地中海交通の拠点の島としてシチリア島とともに、
常に覇権争いの対象となってきた。ロードス島を追われて移り住ん
だ聖ヨハネ騎士団からフランス、そしてイギリスと、その支配の移
り変わりは激しかったが、第二次世界大戦後の1964年に独立した。

図 1-23 マルタ共和国の首都ヴァレッタ

　キクラデスのエーゲ海、内海の地中海、大西洋から太平洋へ、全世界へと広がる七つの海、そしてついには空までも巻き込んで、時代とともに覇権は移動し、広がっていった。このように地中海の歴史は海の覇権の移動で語ることができる。そしてそれを物語る遺跡がいまも海の底に沈んでいる。

註
　（1）本来は彩色が施されており、白いのは彩色が落ちて素地の大理石が現れているため。しかしながら、この白さが人気を呼んだともいえる。
　（2）『300 Three Hundreds』2006年、ワーナーブラザーズ配給。

第2章　海に沈んだ先史時代の都市遺跡

第1節　ギリシャ文明の誕生

　海底に沈む遺跡には、地殻変動により地面が沈降し、もともとは沿岸部にあった街や集落が海底に沈んでしまった例がある。沿岸部の浅瀬にあり、調査や見学が比較的しやすいことが多い。そのような例として、これまで調査研究が進んでいる主要な遺跡、メソーニ湾に沈む青銅器時代の大規模集落遺跡を紹介する。

ギリシャの先史時代

　ギリシャでは、今のギリシャ北部にあたるハルキディキ（Chalki-diki）半島のペトラロナ（Petralona）洞窟から、原人と旧人の形質的特徴を併せ持ったギリシャ最古の化石人骨が見つかっており、20〜40万年前にも遡るといわれている。約15万年前、旧人による中期旧石器時代になってから、人類の痕跡が急増する。そして、今から3万年ほど前までには、新人が支配的に住むようになる。すでに中期旧石器時代には、ペロポネソス半島北東部のフランクティ（Frankhthi）洞窟などから、地中海の代表的な大型回遊魚であるマグロの骨や、ギリシャ付近ではエーゲ海のメロス（Milos）島でしかとれない黒曜石の石器などが出土している。このことは、当時

図2-1　ギリシャ中部から北部にかけての平野部の風景

の人々が、すでに航海技術をもって地中海へと積極的に乗り出していたことを物語っている（周藤 2005）。

　北から南へ　初期農耕が始まる新石器時代、ギリシャの中心は北部にあったといわれている。初期農耕文化の先進地域であったブルガリアなどバルカン北方の影響を受け、集落が発達していた。長い新石器時代を通じてギリシャの先進地域は、冶金や農耕で豊かなテッサリア（Thessalía）やマケドニア（Macedonia）などの北ギリシャであった。確かに現在のギリシャの中部から北部にあたる地方では、広大な平野が広がる。ラリサとテッサロニケは、その間に山があるものの、険しい山々を背負い起伏の激しいアテネとは比較にならない平坦さで、豊かな地域であったことがうかがわれる。筆者らにとっても古代ギリシャといえばポリスの時代、ギリシャの繁栄といえばアテネであり、ギリシャ北部は田舎に過ぎないというイ

メージが強かったが、現地でそのイメージが完全に覆った。テッサ
ロニケで見た地平線へと続く広大な平野部は、ギリシャ南部地域よ
り早くに人が定住しても不思議はない光景だった。

　青銅器時代　新石器時代から青銅器時代への移行の画期となる出
来事は、北から南へと中心的な文化圏が移動したことにある。青銅
器は新石器時代の終わりには使用されはじめていたが、その一方で
初期青銅器時代にも青銅製の遺物はまだ一般的にはならない。時代
区分の画期は、青銅器使用の有無よりむしろこの文化的中心の移動
におかれる。この移動が、その後のギリシャの歴史を決定付けるも
のとなったからである（周藤 2005）。初期青銅器時代には、これま
で集落の分布がまばらだった南ギリシャ、ボイオティア（Boeotía）
以南のギリシャ本土とペロポネソス半島、エーゲ海のキクラデス諸
島やクレタ島へ、分布の中心が移った。その後、ギリシャの歴史の
主要舞台は南部地域となり、それはフィリッポス 2 世のもとマケド
ニア王国が紀元前 4 世紀に台頭するまで続いた。

　ギリシャを代表する農作物、オリーブとぶどう　ギリシャの中心が南
部地域へと移動したきっかけとなったのは、この頃から現在まで続
くギリシャを象徴する作物であるオリーブとぶどうの栽培とが関係
するといわれている。オリーブは女神アテナがこの地方に贈ったと
いう伝説があり、ぶどうの栽培には、テッサリアやマケドニアの平
野部より、日当りと水はけのよい丘陵部が適しているといわれる。
もちろん、平野部のマケドニアにおいてもぶどうは盛んに栽培され
ワインの名産地ともなっているが、ぶどう栽培により適しているの
は起伏の激しいギリシャ南部の地形である。また、現在でもギリ
シャの主要な輸出品であるオリーブの最も有名な産地の 1 つは、山

32

深いペロポネソス半島南部のカラマタ周辺である。黒い大粒のカラマタオリーブは肉厚かつフルーティーで格別な味わいである。

海上交易の発達　古代地中海世界において、オリーブ油と葡萄酒は交易品としても高い価値を得るようになった。そのため、これらの作物は他地

図2-2　肉厚なカラマタオリーブ（手前）とこの地方の地ビール、スパルタビール（左）

域との交易の発展にも大きく貢献し、地中海を海の道とした文化交渉を深めるための重要な要因ともなっていった。ギリシャの青銅器時代の集落が海岸部に集中していることは、海上交易の利便性が呼んだ結果であろう。エーゲ海を舞台とする海上交易の活発化を抜きにして、青銅器時代以降のギリシャの繁栄は考えられない。ここでギリシャの社会は、北部地域の作物や資源を蓄えて発展する時代から、南部・島嶼地域の交易を通じて交換する時代へ、交換により発展する時代へと移り変わっていく。そのなかで船を利用した海上交通は必要不可欠のものとなった。これがエーゲ海でキクラデス文明が生まれ、発展していく要因である。

資源の偏在と交換　本書で対象とする地中海の中央部は、紀元前3000年期頃にはオリエントからの影響のもと青銅器文化が伝わる。ギリシャの初期青銅器時代はキクラデス諸島から始まった。南エー

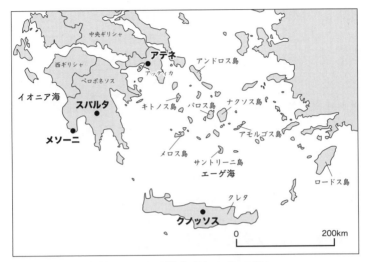

図2-3　エーゲ海とキクラデスの島々

　ゲ海の中央部に点在する大小あわせて約220の島々は、各々の島の
資源の種類は少ないものの、産出される資源が異なるという特徴が
ある。島々のなかで最も大きいナクソス島（Naxos）は、隣接する
パロス島（Paros）やその他多くの島々とともに大理石の産出で知
られる。さらに、その大理石の加工に不可欠な金剛砂は、ナクソス
島の代表的な資源である。火山島のティラ島（Tira、サントリーニ
Santoriniとも言われる）では、軽石が産出する。アンドロス島
（Andros）やパロス島などでは青銅の原料となる銅を産出する。メ
ロス島は、ぶどうやオリーブなどの主要作物に加え、エーゲ海で唯
一、黒曜石を産出する。各々の島が異なる資源を産出し、これらを
交換することによりキクラデス諸島全体として、さまざまな種類の
豊富な資源を手に入れることができた（周藤 2005）。資源の偏在が

交流と交換を呼び、そこから生じた文化的交流がより大きな範囲での社会を発展させ、文明が成立した非常に興味深い必然であった。そして、その発展を後押ししたのは、まぎれもなく海上交通にあった。紀元前2500年頃までキクラデス諸島の人々はエーゲ海および東地中海における金属の取引を支配していたが、紀元前2000年頃までにその文明の一時代が終結する。メソーニ湾の集落遺跡は、そのような時代の遺跡である。

　そしてこの後も、ミノス文明、ミュケナイ文明と海上交通に重きをおいた文明の発展が続いていく。

海上交通の要所メソーニの海に沈んだまち

　2017年6月メソーニ湾（ギリシャ共和国・メッセニア州メソーニ）に沈んだ集落遺跡を訪れた。潜水はせず、船上からの見学のみであった。メソーニは、ペロポネソス半島西側の、海岸線にある小さな港町である。そこから海岸線近くを11kmほど北へあがると、ピュロスという町に至る。ともに、中世にはヴェネツィアに統治され、今もヴェネツィア統治時代の瀟洒で美しい建物や街並みが残る。

ピュロスとナヴァリノ湾

　ピュロスはペロポネソス半島の西端の南部に位置し、イオニア海に面する港町である。現在の行政区分では、メッセニア県ピュロス=ネストラス市（Pylos=Nestras, Messenia）に属する。ギリシャ独立を決定付けるナヴァリノ海戦で知られるナヴァリノ湾に面している。古くはミュケナイ文明に遡る遺跡があり、ホメロスの叙事詩に

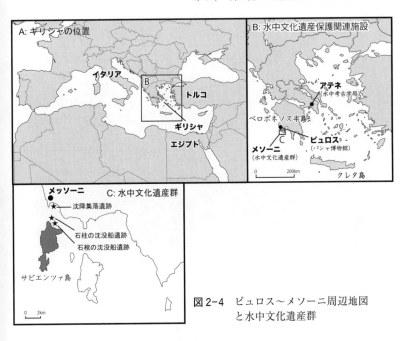

図2-4　ピュロス〜メソーニ周辺地図と水中文化遺産群

も登場する。中世になると、15世紀はヴェネツィア共和国の領土として栄えた。今の町はこぢんまりとした美しい海辺のリゾートでもある。1827年10月20日のこの戦いでギリシャ側を支援していたイギリス・フランス・ロシアの連合艦隊が、オスマン帝国に圧勝する。

　窓を開ければそのナヴァリノ湾を一望する町の中心部にツィクリティラス・ハウス（Tsiklitiras House）がある。その2階には資料館があり、フランス人ジャーナリストでライターのルネ・ピュオウ（Renè Puaux）から寄贈されたギリシャ独立戦争に関わる水彩画や地図などを中心としたさまざまな遺物を展示しており、それらを通

図2-5　ピュロスからのぞむナヴァリノ湾

図2-6
ツィクリティラス・
ハウス

じてギリシャ独立の歴史を語る。この海域は今のギリシャ人にとっ
ても特別な意味をもつのである。

　ピュロスには、ギリシャ水中文化遺産局（Hellenic Ephorate of
Underwater Antiquities、以下「エフォレイト」という）が運営す
る、ギリシャ唯一の水中文化遺産に特化した博物館がある（2020

図 2-7　ピュロス港の風景

図 2-8
チャーターしたヨットと
そのクルーとともに出航

図 2-9
ナヴァリノ湾を出て水中文
化遺産の海域へと向かう

年4月現在)。こちらについても本章の後半で紹介する。

メソーニの歴史

　メソーニ湾は古くから海上交通の要所であり、紀元前2000年頃の青銅器時代にまで遡る人々の生活の痕跡が残される。特に中世以降はイタリア半島と中東を結ぶ重要な貿易ルートの中途にあたり、ヨーロッパのキリスト教徒による聖地エルサレム巡礼の中継地としても栄えた。メソーニ港は、ビザンツ帝国時代の中世およびヴェネツィア統治時代を通じて、東地中海で最も重要な商業港として栄えた (Georgopoulos and Fragkopoulou 2013a、Kraft and Aschenbrenner 1977)。

エフォレイトによる海底調査

　エフォレイトは、1990年代からこの海域の調査を行っていたが、2012、2013年とギリシャのパトラ (Pátra) 大学やイギリスのプリマス (Plymouth) 大学の協力を得て調査を行った。メソーニ湾の広範囲にわたりマルチビームやサブボトムプロファイラーなどを用いて、海底地形と遺跡の可視化をめざした詳細なサーベイ調査の実施に至った。調査対象エリアには、メソーニ湾の沈降集落遺跡のみでなく、本書の第5章・第6章で後に紹介する、湾内のサピエンツァ島沿岸にある2カ所の沈没船遺跡も含まれる。この周辺海域では20を超える沈没船が確認されている。港の隣接地にあたる沈降集落遺跡とは、120エーカー (約5km²) を超える広さの青銅器時代中期の集落跡が沿岸部の海底に沈んでいるのである。詳細な確認調査が行われ、海底に沈んだ町の構造が復元できるまでにいたっ

た。遺跡では、方形の建物や城壁などの基礎から、建物配置や道路といった町の平面プランがわかった。遺構に残された痕跡から、遺跡は短期間に沈んだと想定されている（Georgopoulos and Fragko-poulou 2013b、Gkionis 2013、Simosi 2017）。集落跡とともに、トレンチ発掘調査により床下から幼児の埋葬も見つかっている。先史時代のアンフォラをはじめとする土器類、石製の錨など遺物も豊富に発見された。また、港の防波堤の遺構も残されている。これらの残された様子は、メソーニの集落に住んでいた当時の人々が積極的に海、つまり海上交通を活用していたことを物語っている。

遺跡のいま

　メソーニの港は現在にいたるまで継続して使われており、中世に造られたとみえる淡水を輸送するパイプラインも見つかっている。近代にも海上交通の盛んな往来があった。調査では、青銅器時代の集落の上に重なって沈む、近代の沈没船も見つかっている。近代の港では中世の沈没船から引き揚げられた大砲が、船を係留するために転用されている。

　水深1〜5ｍ程度の範囲までに沈む建物などの基礎や壁の構造は、船の上、水面からも見えた。そこは我々が見たギリシャでは珍しいエメラルド色に輝く遠浅の海だった。魚まで見える透明な水のなかにはっきりと遺構が露出していることがわかる。スキューバダイビングはエフォレイトの許可なしにはできないが、あまりにも浅く岸からも近いため、遊泳やシュノーケルなどの活動に制約をかけることはできないそうだ。海水浴に来た人々は、自由に遺跡の上や周辺を泳いでいるが、そのなかにこの遺跡の重要性を知る人はほと

図2-10　メソーニ港を海から見たようす（中央より左側は砦、右側は現在の集落）

図2-11
メソーニ湾の沈降集
落遺跡のCG再現映
像が展示室内のモニ
ターに流れる

図2-12
船の係留に転用さ
れた中世の大砲

図 2-13　メソーニ港湾の砦（ヴェネツィア統治時代に築かれた）

図 2-14
海底に沈降した青銅器時代の沈降遺跡を船上から説明するシモージ氏

　んどいないという。およそ 4000 年前に繁栄した古代ギリシャ時代の集落跡の遺構を海底で目の当たりにすることができる海、それも海水浴で気軽に見学できる環境はどこにでもあるものではない。リゾートと海水浴を楽しみつつ、じっくりとこの海底遺跡を見学し、ここで生きた古代ギリシャ人の生活に想いを馳せてみるのも一興だ。この遺跡の調査成果は、ピュロスに新しく造られたエフォレイ

図 2-15 沈降した集落遺跡の遺構のある海域を水面から見た様子
（海面からでも遺構が黒い影となり、存在が確認できる）

トが運営する博物館がある、ネオカストロ（Niokastro）の中のマクリヤニス砦（Makriyannis Bastion）の展示室で公開されている。博物館は 2016 年に開館したばかり。今後この町を訪れる人々が博物館をも訪れ、遺跡の存在とその重要性が知られるようになっていくかもしれない。

第 2 節　メソーニ湾の水中考古学調査

　これらの水中文化遺産を擁するこのメソーニ湾から対岸に浮かぶサピエンツァ島の海域は、今後、水中文化遺産の積極的な活用を通じた海底遺跡公園の開設をめざした準備が進められている。サピエンツァ島海域の沈没船については第 5・6 章で詳しく述べることに

し、本章ではここの博物館について詳細を紹介する。発掘調査の成果はこれまでも確実に積み重ねてられており、遺跡の評価もなされている。今後は、ギリシャの財政難を補う上でも、水中文化遺産の観光資源としての可能性が注目される。この地域では、海底に眠る遺跡と、その調査成果や遺跡の学術的な評価を公開展示するピュロスの博物館が一体となって活用されていくだろう。これは、私たちが理想とする方向であった。

世界の注目を集めるギリシャの水中文化遺産　ギリシャの文化遺産の特徴として、陸上・水中にかかわらず、ヨーロッパをはじめとする各国が高い関心を示すという点があげられる。ヨーロッパ人にとってギリシャ文明こそがヨーロッパのアイデンティティとなっている証拠であろう。アメリカ、イギリス、イタリア、スイス、ノルウェーなど各国が、ギリシャの考古学に関わる研究拠点をアテネに置き、ギリシャ国内の機関と共同研究を行っている。

　例えばアンティキティラ島の遺跡に関する英国ノッティンガム大学との共同研究事例[1]にも見られるように、世界中の大学からの関心の高さも同様である。水中考古学局はスイス、ノルウェー、中国などさまざまな国の機関と共同で調査研究を行っている。ギリシャは2010年頃に表面化した長い経済危機に苦しんでおり、文化遺産についても国からの予算は削減される一方で、国際協力による貢献は大きい。

水中文化遺産の保護　ギリシャでは、基本的に保護対象とされている水中文化遺産の近海（範囲は遺跡ごとに異なる）では立ち入りが制限され、原則として漁やダイビングなど、文化遺産に影響を及ぼしかねない活動については禁止されている。これは重要な遺跡が見

つかるたびに増えてゆき、膨大な海域へのアクセスが制限されている状態でもある。しかしながら近年、水中文化遺産についても積極的に活用を図るように舵が切られてきた。

2010年、ピュロスに1573年オスマン帝国により建てられた旧要塞のネオカストロにある建物群（主に17世紀に築造）を転用し、水中文化遺産の恒久的な展示施設が誕生した。数年以内には、アテネの玄関口、ピレウス港に大規模水中考古学博物館を建設する予定である。ただ、展示の計画や建物のデザインまでもが決定しているにもかかわらず、政府の財政危機により計画は頓挫しており、開館予定日のめどはたっていないと聞いた。しかし、今後積極的に水中文化遺産を活用し、ギリシャの大きな収入源でもある観光産業に役立てたい意向が強いことは確かである。

水中文化遺産の現地調査　2017年6月に実施したギリシャでの現地調査は、主にアテネの本部からエフォレイトの所長（2017年6月当時）であるアンゲリキ・シモージ氏（Angeliki Simosi）、水中考古学者パナヨタ・ガリアツァトウ氏（Panaggiota Galiasatou）、および事務職員アナスタシア・ミツォプル氏（Anastasia Mizopolou）が調整し、ペロポネソス半島のフィールド調査には筆者らとともにシモージ氏とミツォプル氏が同行した。現地では、地元出身のエフォレイト専属ダイバーであるイリアス・クヴェラス氏（Ilias Kuvelas）とコスタス・カルディス氏（Costas Kaldis）がガイドと安全管理を担った。中央の官と現地のダイバーが一体となって実施する調査と保護体制がここにはあった。今後の活用も軌道に乗るに違いない。

地中海沿岸地域の国々では、水中文化遺産に特化した博物館も多

図2-16 海から見たピュロスのネオカストロ。この中に水中文化遺産博物館がある（ギリシャ共和国・メッセニア州ピュロス）

図2-17 ネオカストロの屋外展示（鉄錨をはじめ大型のものは屋外にも展示されている）

図 2-18　水中文化遺産博物館に転用されたネオカストロ

くある。ここでは、特に豊富な水中文化遺産と調査研究履歴を擁す
るギリシャで、近年それらの公開活用のために開館した博物館を紹
介する。見学が可能な水中文化遺産に近接し、歴史的にも重要な街
に作られた事例であり、博物館で水中文化遺産の概要を学んだ後に
すぐ現地見学ができる。博物館が見学者をフィールドへ誘うガイダ
ンス施設的な役割を果たしている。

第3節　ピュロスの水中文化遺産博物館

ネオカストロの水中文化遺産博物館群

　ピュロスから突き出た岬の小高い丘の上にオスマン帝国により造
られた 16 世紀の "新しい城"（ネオカストロ）と呼ばれる要塞があ

る。城壁に囲まれた丘の上には修復されたさまざまな建物が残り、2012年から水中文化遺産博物館の展示室に転用されている。城内の建物の多くは、第二次世界大戦中には牢獄として使われていた記録も残り、屋内に囚人の落書きが残されている部屋もある。一部を除き多くは壊されてしまったが、最も大きく、そして残存状況もよかったパシャ・ビルディングと呼ばれた建物などが修復を経て展示室として利用され、パシャ博物館（Pasha Museum）となった。

　博物館群はエフォレイトが地元市の協力を得て運営している。館長はエフォレイトの局長であるシモージ氏（当時）が兼任し、現地の責任者はエフォレイトの専属ダイバーを35年以上にわたり務め、ここに展示されるほぼすべての沈没船の重要な調査に長年関わってきたクヴェラス氏が務める。彼は地元ピュロスの出身で、一族は代々、漁師や船乗りばかりの海人の家系であるという。彼も小さな頃から海に親しんできた、この海域を知り尽くしたベテランダイバーである。

　展示施設は大きく3つのセクションからなる。1）ペロポネソス半島海域の水中文化遺産を展示するパシャ博物館（Pasha Museum）、2）ペロポネソス半島南部の沈降集落遺跡について展示するマクリヤニス砦、3）これまで41年間にわたるエフォレイトの調査成果の展示（パネル・遺物展示の複数の小部屋と映像・遺物展示の比較的大きな部屋とに分かれる）をするアクロポリス（Acropolis）である。また、アクロポリスの上に位置するドーム（ギリシャ語では "Tholos"）と呼ばれる建物には、ナヴァリノ湾の戦いの様子の3次元復元映像展示もある。これは、イベント時や団体予約などの特別な機会にのみ公開され、常時一般公開されているわけでは

図2-19　パシャ博物館へ向かう

図2-20　パシャ博物館内の展示室（左の壁に船
のフレームを模した造作が施されている）

ない。

　パシャ博物館　なかでも 17〜18 世紀のものといわれるパシャ・ビルディングが、ペロポネソス半島周辺の海域における水中文化遺産を展示するパシャ博物館へと生まれ変わった展示 (3) は注目に値する。メインホールは、古代の船の内側がイメージされており、木製の船のフレームを模してデザインした展示室とし、沈没船から引き揚げられたアンフォラなどの遺物を展示している。アンフォラとは古代地中海世界でよく見られる陶器製の壺である。海から引き揚げられたことを示す貝類などが付着した状況がよく見えるように、ガラスケース越しではなく直接裸で展示されている。また、パネルや映像展示には復元画像や映像、コンピューターグラフィックや３Ｄも多くとりいれられ、視覚効果の高いもの

になっている。床には
ペロポネソス半島周辺
の地図が描かれ、そこ
にケファロニア（Kefa-
lonia）島、ザキント
ス（Zakynthos）島、
キティラ（Kythira）島、
サピエンツァ島などの
沖に位置する沈没船遺
跡の位置がドットで落
とされ、わかりやすく
示されている。

　マクリヤニス砦　2)
のマクリヤニス砦の展
示室は、主に 3 つの遺
跡に焦点をあてた展示
を展開している。1970
年の発見から継続的に
調査が続けられ、2009
年以降のイギリスとの
共同調査により大きな

図 2-21　マクリヤニス砦の入口（砦の内側に展示室がある）

図 2-22　マクリヤニス砦内の展示（基本的に遺物は展示ケースに入れず、ガラス越しでなく直に観察できるようになっている）

成果を得たパヴロペトリ（Pavlopetri）、本章前節でとりあげたメ
ソーニ湾に広がる青銅器時代中期の沈降集落遺跡、そしてアソポス
（Asopos）の遺跡である。パヴロペトリは、ギリシャ南部、ペロポ
ネソス半島の東側のラコーニャ（Laconia）地方にある沿岸部の沈

図 2-23 独房を転用した展示室（鉄格子がはずされた状態で利用されている）

降集落遺跡で、先述のメソーニの沈降集落遺跡同様に、青銅器時代
に繁栄したといわれる。庭付き二階建ての一戸建てや長屋住宅が道
沿いに整然と並び、公共施設や水利施設が整えられた、今の郊外の
町とさほど違わない街並みが復元されている（Henderson 2011）。
イギリスのノッティンガム（Nottingham）大学と BBC 放送局の協
力で作成された、コンピューターグラフィックによる復元画像も展
示されている。パヴロペトリはメソーニ周辺と並んで、エフォレイ
トが海底遺跡の現地公開に取り組む地域でもある。アソポスも同じ
くラコーニャ地方、パヴロペトリのやや北に位置し、古代ギリシャ
からローマ時代の遺跡が沈む。どれもこれまでの調査成果を踏まえ
た展示がなされているが、アソポスについてはまだ調査があまり進
んでおらず、今後の調査研究が待ち望まれる。

　　アクロポリス　3つめ
のセクションはアクロポ
リスを登ったところにあ
り、第二次世界大戦時に
独房として利用されてい
た小部屋をそのまま利用
している。6つの部屋に
は調査成果にかかる展
示、7つめの部屋には水

図2-24　ナヴァリノ湾の戦いの映像展示
（3方向からの音と映像は迫力がある）

中調査にかかる潜水器具等の歴史を展示がある。パネルでは、遺跡
の写真のみならずCG画像を多用するなど、調査成果をわかりやす
く見せている。その周辺の小部屋は普及活動用のスペース、ミュー
ジアムショップ等に利用され、さらに収蔵庫としても利用されてい
る。

　同じくアクロポリスにある、ドームと呼ばれる建物にあるナヴァ
リノ湾の戦いの映像展示は、船のなかに座っていることをイメージ
した部屋で、後方を除く3方の壁にスクリーンが設置され、それぞ
れの視点からの3D映像が放映され、戦いの様子を体感できるよう
に作られている。

　フィールドへ誘う展示　さまざまな時代や種類の水中文化遺産につ
いて、遺跡の研究成果をはじめ、調査手法の紹介や、先端技術を駆
使した復元映像など、多角的な視点から創られた複合的な展示がこ
の博物館にある。どれも、エフォレイトの長年の調査成果と経験が
ふんだんに盛り込まれ、調査研究成果の蓄積がこれらの展示を可能
にしたことがよくわかる。館内の建物自体も歴史性にあふれ、展示

室から展示室へ歩き回るのも楽しい。遺跡はただ見つけただけでは一般に親しまれる活用はできない。現地調査を行い、遺跡を評価するための綿密な研究にまで発展させて初めてその価値を知ることができる。ここでは入念な研究に支えられた価値づけがすでになされているからこそ、ここまで充実した展示が可能となり、人々の心を惹きつけるのであろう。

　ここで周辺の水中文化遺産について概要を学んだあと、実際に目の前の海に沈む遺跡を、現地で見学することができる。訪れる人々をフィールドへ誘う博物館となっている。

註

（1）http://blogs.nottingham.ac.uk/underwaterarchaeology/2015/10/05/romes-titanic/（2017 年 7 月 16 日アクセス）。

（2）当初の計画であればすでに 2017 年時点で開館している予定であったが、経済危機以降、計画が頓挫したままになっており、開館時期もまだ見通しがたっていない。

（3）展示のタイトルは "Sunken journeys, human's explorations: Important traces of the Peloponnesian Seas"。

第3章　ローマ共和政時代の沈没船

第1節　アンフォラの船

　本章では、カラ・ミノラ沈没船遺跡というローマ共和政時代の沈没船遺跡を紹介する。またその遺跡の紹介を通じて、遺跡が所在するイタリア共和国シチリア自治州の水中文化遺産保護の仕組みについても触れる。

エガディ海戦とローマ共和政

　紀元前241年に第一次ポエニ戦争でのローマ側の勝利を決定的なものにしたのがエガディ諸島近海で起きた、エガディの海戦である。カラ・ミノラ沈没船遺跡は、そのエガディ海戦の舞台のすぐ近くに沈む。

　エガディの海戦には負けたが、カルタゴもそれでは終わらず、有名な将軍ハンニバルのもと、紀元前218年アルプスを越え、イタリアに奇襲をかけた。その後しばらくはカルタゴの優勢が続くが、若き将軍スキピオを得たローマが反撃に出る。紀元前201年、ローマは第二次ポエニ戦争に再び勝利を収めた。ここでローマはイタリアの覇者から地中海の覇者となるのである。

　共和政ローマの時代は国を治める元老院議員を排出する貴族と平

民との間に厳然たる壁があり、初期はその二者の対立と闘争の時代でもあった。しかしながら、平民はこれらの闘争を経て少しずつ力を勝ち取り、護民官という平民を代表する不可侵の役職を認めさせるに至った。そのなかでは、頭角を現す富裕層もみえた。カラ・ミノラ沈没船遺跡も、そのように平民でありながら有力であった氏族に関わる沈没船遺跡である。

シチリア

　イタリア半島の長靴のつま先部からメッシーナ（Messina）海峡を挟んで向かいの南側に位置するシチリア島は、イタリア最大の島であり、地中海最大の州である。島の大きさは日本の四国よりやや大きいほどで、その海岸線は 1,500 km を超える。地中海のほぼ中央に位置し、海上交通の要所として古くから栄えた。

　エオリア（Eolie）諸島、エガディ諸島、パンテッレリア（Pantelleria）諸島やペラージェ（Pelagie）諸島などの周辺島嶼部を含み、青い海と太陽が魅力のイタリアでも有数のリゾート観光地である。透明度の高い海ではダイビング産業が発達し、海底の水中文化遺産もレジャーダイバーが訪れることのできるダイビングポイントになっている。

　シチリア島は、行政区画としては州都をパレルモ（Palermo）に置く特別自治州である。イタリア半島とは、歴史的にも異なった道を歩んできた。古くから、地中海の海上交通の要所として栄え、アフリカにも近かったため、アラブの国々との交流点となり、その影響を色濃くうけた。街並みにも、その面影が見える。海の文化遺産を含む文化遺産の分野においては、シチリア自治州の所管部局がす

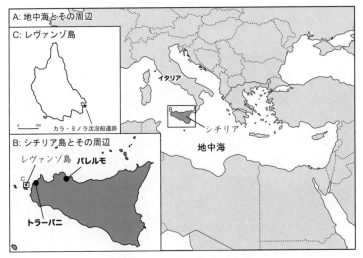

図3-1　シチリア島とその周辺

べて権限をもち、イタリア国政府の干渉を受けない。そのため、シチリア州以外のイタリアとは別の仕組みのもと海の遺跡の保護がなされている。

カラ・ミノラ沈没船遺跡の位置と背景

　カラ・ミノラの沈没船は、シチリア島の西にあるさらに離島、エガディ諸島のレヴァンゾ島南東端の入江に沈む紀元前1世紀頃のものである。「カラ（Cala）」は「入江」の意で、この遺跡名は「ミノラ入江の沈没船」ということになる。

　エガディ諸島は、ファビニャーナ（Favignana）、レヴァンゾ、マレッティモ（Marettimo）の3島からなる。エガディ海戦は、主にエガディ諸島最西端のマレッティモ島とレヴァンゾ島の間で戦わ

56

図 3-2　パレルモの街にあるアラブの香りのする建物。3つの赤いドーム
　　　　　が並ぶサン・カタルド教会（右）と内部のモザイクがすばらしい
　　　　　マルトラーナ教会（左）

れた。この戦いの関連遺跡についても、シチリア州海事文化遺産局
が調査している（Tusa 2009c）。エガディ諸島の水中文化遺産の
数々は、ヘレニズム時代からローマ時代、特にヘレニズム後期から
帝政ローマ時代の初期までの紀元前 3 世紀から紀元後 2 世紀にかけ
ての歴史に貴重な物証をもたらした。カラ・ミノラ以外にも船の停
泊地とされていた遺跡が多く見つかっており、沈没船の痕跡も数カ
所で確認されている（Tusa 2009b）。

カラ・ミノラ沈没船遺跡の概要
　今回視察したカラ・ミノラの沈没船遺跡は、カラ・ミノラと呼ば
れる島の東海岸に位置する入江で見つかったローマ時代の沈没船で

ある。水深27 m
から30 m付近に
沈没船があること
は古くから知られ
ていた。そのため
遺物の盗難が後を
絶たなかったが、
それでも調査時に
はまだ60点ほど

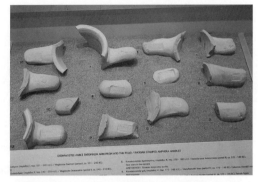

図3-3　アンフォラの押印（ペラ考古博物館展示）

のアンフォラが顔
を出していた。調査後は、100点を超えて確認されている。

　沈没船の痕跡は2005年に海事文化遺産局により発掘され、調査
を終えてから公開されるようになった。水底の多数のアンフォラは
交易船の積荷で、ワインなどを運ぶドレッセル1bタイプ（紀元前
1世紀頃）のアンフォラである。他にも紀元前1世紀半ば頃のもの
と思われる黒釉土器を含むさまざまな種類の土器片が、同じ場所か
ら見つかっている。船体の痕跡は、わずかな木片と、鉛の導管（ビ
ルジ管）が1点見つかっている。岩場の斜面で横転して沈没した船
から滑り落ちた積荷が砂地の海底に沈み、そのまま現地に保存され
ていたと考えられている（Tusa 2009b、Tusa and Zangara 2015）。

　アンフォラの内面はピッチという、防水や道路の舗装にも用いら
れる原油・石油タール・木タールなどを蒸留した後に残る黒色のか
すで塗られ、ワインが入れられていた。近接するプンタ・アルタ
レッラ（Punta Altarella）では、切り出された岩のくぼみがたくさ
ん並び、表面を漆喰で塗られた状態の魚醤（garum）生産遺跡が見

つかっている。ワインを運んだあと、イタリア半島へ帰るときには、これらの空いたアンフォラは魚醤を運ぶために転用されていた可能性もある。アンフォラの底部には、「PAPIA」と押印されている。これはラティウム地方南部、現在のラッツィオ州に広大な土地をもっていた有力氏族の名前であり、船の出所が明確にわかる。平民のなかでも富裕で力もあったこの一族はワインを生産し、地中海一帯に輸出していたことで知られている（Tusa 2009b、Tusa and Zangara 2015）。その輸出用ワインを輸送中の船が沈んでしまったのであろう。

カラ・ミノラ沈没船遺跡の現地調査 （2016 年 7 月調査）

　パレルモから長距離バスで 3 時間ほど走るとシチリア島の西の果て、トラーパニに到着する。トラーパニはアフリカへの海の玄関口となっており、アフリカ大陸はチュニジアの首都チュニスと航路で結ばれている。その距離、直線にしてわずか 230 km。そのため、街はアフリカの香りが漂い、食堂にはクスクスなどのアフリカ料理が一般的なメニューに加えられているほどである。その街で 1 泊し、翌日早朝にトラーパニから高速船で 50 分、レヴァンゾ島に到着した。レヴァンゾ島は面積 6 km² に満たない小さな離島である。港に到着した瞬間、その海の美しさに誰もが息をのむだろう。海底の白砂に映る船の影のみが見えて透明な海水が目に入らないため、まるで船が空を飛んでいるかのように見える。日本のテレビコマーシャルで一時話題になった、その「空飛ぶ船」を見ることができる入江はレヴァンゾ島の隣にある比較的大きな島、ファビニャーナ島であったという。ここはさらに小さな島で、人口 450 人ほどしか住

図 3-4　シチリアの西の果てトラーパニの海岸（その向こうはアフリカ大陸）

図 3-5　レヴァンゾ島の港（海底の白砂に船の影が映る）

んでいないレヴァンゾ島の海はさらに美しく、島の最も大きなフェ
リーターミナルのある港や漁港はもちろん、至るところで空飛ぶ船
が見られる。市街地は港がある島の南側にほぼ限られる。もちろん
ダイビングやシュノーケルに訪れる観光客はたくさん居るが、シチ
リア本島やファビニャーナ島と比べると、それほどリゾート観光地
化は進んでいないようだ。ファビニャーナには宿泊滞在者もそれな
りに多いが、レヴァンゾへは筆者らのように日帰りで訪れる観光客
がほとんどである。

　この島のダイビングセンター、アトモスフェレ・ブルのジュゼッ
ペ・ピッショッタ（Giuseppe Pisciotta）氏のガイドで、ローマ共
和政時代（紀元前 1 世紀）の沈没船遺跡、カラ・ミノラ沈没船遺跡
をスキューバダイビングにより見学した。ダイビングに使用した船
はエンジン付きのゴムボートである。ダイビング器材を港でセッ
ティングして、ゴムボートに積み込み、乗り込んだ。ゴムボートを
東へ走らせると 10 分ほどでミノラ入江にたどり着く。船から眺め
た海は地中海にふさわしくどこまでも青く澄んで輝いていた。ポイ
ントには、黄色く塗られた大きな金属製のブイが 2 カ所、設置され
ている。遺跡の位置を示すとともに、安全な潜水調査や通行する船
に対する注意喚起の意図もある。ブイと海底の遺跡は太い鎖によっ
て固定されており、そのことからかなり浮力のある丈夫なブイであ
ることがわかる。ここは、平常時でも難易度「高」とされるポイン
トである上に、見学当日は満月の前日で大潮、海の流れは非常に速
かった。ブイも、速すぎる潮に流されてその体を真っ直ぐに支えき
れず横倒しに近いほど斜めになっている。そのように傾いたブイは
これまで目にしたことがなく、海のなかの激流の様子を想像できな

図 3-6
ガイドのピッショッタ氏

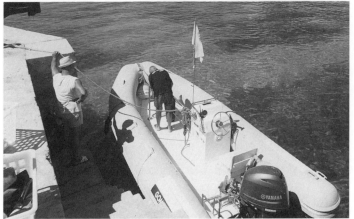

図 3-7　ダイビング用のゴムボートで遺跡へ向かう準備をする

い恐ろしさを感じた。当日の気温は 31℃ を超え、日差しが痛く感じるほど快晴の酷暑だが、地中海の水は冷たく水温は水面近くでも 22℃、遺跡の所在する水深 30 m 前後の水底では 15℃ ほどしかないところもあった。例えば、筆者らが普段フィールドにしている沖縄近海では真冬でもここまで水温は下がらない。

　ポイントに到着してエントリーの準備にかかる。流れがあまりに

も速いので、ブイにロープを縛り付け、そのロープを船の側面にはわせてまた船尾で縛る。エントリー後、ダイバーがそのまま流されないために、ロープをしっかり握った状態でバックロールエントリーをし、そのままロープをつたってブイまでたどり着き、ブイから海底へ沈む鎖を握りながら潜行する。常に何かに捕まった状態を維持し、流されることなく海底までたどり着くための準備である。いよいよ潜水開始である。すさまじい急流を想像してしまい、心臓が激しく脈打つのがわかる。覚悟を決めるしかなかった。ロープを握って勢いよくバックロールエントリーをした直後、あまりの流れの強烈さに、体は、かろうじてその場につなぎとめているロープを握る手から一直線に流され、一瞬でまるで鯉のぼりのような状態になった。手を離したら最後、どんなダイバーでも絶対に戻ることはできない流れにのまれてしまうだろう。ロープをしっかり握りつつロープづたいに水面移動でブイまで進み、ガイドを含め３名全員が揃うまで待機する。ブイからは太い鎖が海底に向かって吸い込まれていくように見え、海底面はまったく見えない。グラン・ブルーの世界。３名が集合した後、鎖を握りながら少しずつ潜行する。地中海は浅いところには生き物が少ないのか、水中の鎖には錆以外に日本でよく見る貝などの付着生物は何もついておらずとてもきれいな状態であったため、手を傷つけたりする心配もなく、比較的容易に鎖をつかみながら潜行することができた。

　水深30ｍ付近で着底。海底の流れは水面ほどではなかった。しかし、船上でガイドから、海底も流れが速いので流れに向かって泳いでも前には進まない、水中での移動は海底で岩をつかみながら進むように、という指示を受けたことを思い出す。海底は深い青色に

図 3-8　遺跡に設置された目印のブイ（海面で目立つように黄色く塗られている）

図 3-9
激しい流れに傾くブイ

図 3-10
激しい流れに備えロー
プで船とブイを固定

図3-11 カラ・ミノラ沈没船遺跡に密集するアンフォラと金属製アンカー
ストック（手前右）

図3-12 アンフォラの横にあった船の舵（舵とアンカース
トックの存在がここに船体があったことを裏付ける）

図 3-13
遺跡見学の様子（流れの激しさに吐
き出されたエアーが真横に流される）

図 3-14　ボートで島の周囲を一周

　包まれており、あちこちでポシドニアと呼ばれる緑の海藻が繁茂し
ているのが見える。岩をつかみながら移動していくと、突然ポシド
ニアの茂みがなくなり、アンフォラが密集している遺跡が目の前に
広がった。アンフォラは細長い頸部の両側に持ち手がつき、底は
尖っていることが多い。ワインやオリーブオイルなどの液体をはじ
め、さまざまなものを運ぶために地中海世界で大量に作られた。古

代地中海世界の沈没船遺跡ではアンフォラが大量に積載された沈没
船遺跡がしばしば発見されている。カラ・ミノラ沈没船遺跡では、
よく観察するとアンフォラだけでなく船の舵や金属製のアンカース
トックもある。ローマ時代の船はアンカーストックに金属を利用す
る。それに対し、アジアではアンカーストックは石を利用してお
り、碇石と呼ばれている。ローマでもアジアでもシャフトには木を
利用するが、それはここでは見えない。また、木造の船体そのもの
も見えない。海底に露出した木造の船体やアンカーのシャフトは長
い年月で朽ちてなくなってしまったのだろう。しかし、アンフォラ
が密集している状況に加え、アンカーストックと舵の存在はこれが
沈没船遺跡であることをはっきりと示している。

　短時間であったが、経験したことのないほどの激しい流れのな
か、慣れないレンタル器材での遺跡見学はかなりの困難さを感じ
た。その後、充分水面休息をとったのち、潮の様子をみて可能なら
ば2度めの見学に行こうとしたが、残念ながら潮の流れはおさまら
ず、ガイドであるインストラクターの判断で調査はここで中止する
ことになった。

　レヴァンゾ島の地形　それからボートで島の周りを1周した。沖縄
海域とは違い島の周辺に珊瑚礁は発達していない。海岸線はどこも
ほぼ岩盤がむき出しの状態で、砂浜は皆無といってよいだろう。露
出した石灰岩の崖が急傾斜で海へと下る。入江は非常に多く、海岸
線が入り組んだ地形の島である。石灰岩が隆起した崖には、海の浸
食により形成された洞窟が多数ある。レヴァンゾ島とその南にある
ファビニャーナ島のこれらの洞窟では旧石器時代からの遺跡が多く
確認されている。壁画のあるジェノヴェーゼ（Genovese）洞窟は

図 3-15　レヴァンゾ島の入江と先史時代住居跡

図 3-16
ジェノヴェーゼ洞窟入口
（内部に旧石器時代の壁画が
ある）

図 3-17
ジェノヴェーゼ洞
窟の見学へ向かう

見学ツアーも実施されている。

　この沈没船遺跡の見学の費用は、フルレンタル器材込みの2ダイブで1人65ユーロ（8,000円あまり）であった。沖縄での通常のレジャーダイビングの相場（2ボートダイブ14,000円前後）からするとかなりリーズナブルな値段である。ピッショッタ氏のダイビングサービスは、遺跡ダイビングだけではなく、魚など自然観察のダイビングも得意としており、遺跡はオプションのなかの1つである。シチリアを訪れるレジャーダイバーのおおよそ15%程度（2016年参考値）が遺跡にダイビングするという。これは日本では考えられない高い割合である。水中文化遺産がダイバーにとってすでに身近な存在となっている証拠だ。遺跡は保存管理上、シーズンにもよるがおおよそ4月から10月まで、比較的海が穏やかな間に公開されている。それ以外の冬場は海が荒れがちで遺跡が損傷する可能性もあるため、設置されている案内カード等は撤去し、覆いをかけて保護し、公開していない。

　2006年からは、4つのビデオカメラをアンフォラの周辺に設置し、ファビニャーナ島のスタビリメント・フローリオ（Stabilimento Florio）という旧マグロ加工場の建物が転用された博物館で現地の動画を見ることができるようになっている（Tusa 2009b、Tusa and Zangara 2015）。

　この遺跡は2005年から一般公開されており、事前にピッショッタ氏のダイビングサービスのような、認定されたところで予約をすれば見学することができる。

第 2 節　シチリア島の水中文化遺産保護

シチリアの水中文化遺産保護の仕組み

　シチリアの水中文化遺産を海底の現地で見学することができる背景には、どのような水中文化遺産保護の仕組みがあるのかを報告したい。冒頭でも述べたとおり、シチリアは文化遺産の分野では、イタリアの国政府の干渉を受けない自治がある。そのため、シチリア州の文化遺産監督局が国の役所と同等の権限を有する機関にあたる。シチリアの海事文化遺産監督局は、もちろん名前のとおり海の遺跡に関わることのみを扱う。このような海の遺跡に特化した政府内での部局、組織はイタリア本土にはなく、シチリア州にのみ存在する。

　1999 年からシチリア自治州政府は、水中考古学者や技術者らのグループと水中文化遺産に対して組織的な保護活動を始めていた。2002 年にそのグループは独立した法人格を有する団体となり、ついに 2004 年、「シチリア州海事文化遺産監督局」（Soprintendenza del Mare、以下「局」という）が創立された（Tusa 2009c）。シチリアには、陸上の遺跡も非常に多くあるため、それらを扱う文化遺産局は島内だけで地域ごとに 9 カ所ある。それと比べると海は、離島も含むシチリア海域すべてを 1 カ所で担うため充分とはいえないかもしれないと、当事者たちはいう。

　局のオフィスはパレルモに 3 つあり（2016 年調査当時）、本部の事務所はパレルモ旧市街にある。また、海辺の近くに技術関係に特化したオフィスがあり、調査器材等の備品もそこに備える。3 つめ

図 3-18　シチリア旧市街にある海事文化遺産局のオフィス（パレルモ）

図 3-19　シチリア海事文化遺産局でのヒアリング風景（右から 2 人目が当時の局長、トゥーザ氏）

は旧造船所の 15 世紀の建物を転用して使っており、シチリア近海からの出土品を中心とする展示施設パレルモ・アルセナーレ（Arse-nale di Palermo-Museo del mare）が 1997 年よりある。現在はシチリアの海の歴史を展示する博物館施設を計画中で、すでに欧州連合（EU）から資金も確保しており、2 年以内をめどに建設予定である（2016 年調査時）。

　局でフルタイム勤務する正規職員はメンテナンススタッフらも含め 52 名、うち考古学者は 6 名、専属ダイバーが 15 名である。職員の数は充分とはいえず、人手はもっと必要であるという（2016 年調査当時）。特に考古学者のダイバーが不足している。今後強化したい分野としては、近現代の沈没船、特に戦闘機や U ボートなど、戦争に関する遺跡の専門家を必要としている。保存科学の分野は現

在2人の専門職員が所属するが、保存処理作業用に特化したラボラトリーがない。それを作り、体制を強化していきたいと計画している。

　局長（Director・当時）であるセバスチャーノ・トゥーザ氏（Sebastiano Tusa）は、この組織の仕事は主に3つで、遺跡の調査研究、マネジメント、保護にあると考えている。普及の活動は観光部局の役割と考えているが、EUからのプロジェクト助成金を得ており、自らも積極的に関わる。学会のみでなく、テレビなどにもよく出演し、シチリアの水中文化遺産とその保護への取り組みについて世界中で宣伝する。もちろん、シチリア州においても文化遺産に関わる行政の予算は厳しく、EU以外からも民間の助成金を得ている。遺跡の調査研究については大学との連携も多い。例えば、マルザメーミ（Marzamemi）のビザンティン帝国時代の沈没船遺跡の調査はアメリカのスタンフォード大学との共同で実施している。また、エオリア諸島やエガディ諸島では、アメリカの民間の財団からの助成金で調査をしている。エガディ諸島では、第一次ポエニ戦争でローマが圧勝したエガディ海戦（紀元前241年）の遺跡を調査している。これまでに青銅製の槍（lancia）が11個体、ヘルメットが8個体、300個体以上のアンフォラが見つかっている。この遺跡は、調査が終わってから、水深がイタリアでレジャーダイビングの最大深度として規制されている水深40m以下に落ち着くようなら、一般ダイバーに公開する遺跡に加えたいと考えている。

シチリアの海底遺跡の一般公開システム

シチリアで保護の対象として指定し、法的に保護対象として定め

られながらも一般ダイバーに公開されている海底遺跡は 23 カ所ある。確認されている水中の遺跡は 2016 年時点で約 1,500 カ所、そのうち保護対象として指定されているのが約 100 カ所ある（中西ほか 2017）。この公開されている 23 カ所については、一冊のガイドブック「Itinerari Culturali Subacquei in Sicilia」（Tusa and Zangara 2015）にまとめられ刊行されている。

　海底遺跡を初めて公開したのは 2005 年で、今回視察したカラ・ミノラ遺跡とパンテレリア島沖に位置するカラ・ガディール遺跡（Cala Gadir）の 2 つである。ここでは 2006 年からウェブカメラを遺跡の現地に設置して動画中継をしている。インターネット上で動画を視聴することができ、カメラを自分で遠隔操作して撮影することなども可能になっている。

認定ダイビングサービス制度
　公開の手法は、それぞれの遺跡の地元ダイビングサービスと局が年間契約を結び、契約により認定されたダイビングサービス（以下「認定 DS」という）に、遺跡のガイドとあわせて、日常管理やモニタリングを任せる形で行われている。現在は、23 カ所ある遺跡に対して、20 件の認定 DS がある。ピッショッタ氏のダイビングサービスもこのうちの 1 件で、レヴァンゾ島にこのような認定 DSが 2 カ所ある。契約内容の詳細については契約のガイドラインと契約書を別稿（中西ほか 2017）に抜粋して掲載したのでそれを参照されたい。認定は毎年更新され、契約金やコミッションはいっさい生じない。シチリア州内には約 100 件のダイビングサービスがある（2016 年調査当時）。正規のダイビングサービスの資格をもってい

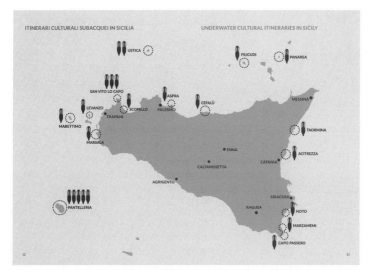

図 3-20　シチリアの水中文化遺産 (Tusa and Zangara 2015 より転載)
ⒸSoprintendenza del Mare-Regione Siciliana

る店ならどこでも認定を申請することは可能である。毎年ダイビン
グシーズンが開始する前に、認定 DS のリストを更新する。一度認
定されたサービスも、毎年契約を更新する義務がある。長期契約は
していない。これは、認定 DS の状況はオーナーの交代などで変わ
ることが多いため、遺跡をとりまく環境を常に把握し、認定 DS の
状況が変化しても局がきちんとコントロールできる状態にしておき
たいがためである。

　局は認定 DS に対して、遺跡ガイドをするために必要な指導、学
術的な調査成果を含む情報、ゲストに配布したりガイド時に使用し
たりするツールなどを無償で提供する。調査成果を認定 DS に講義
し、水中に持ち込むことができるプラスチック板製の遺跡のマップ

表 3-1　見学が可能なシチリアの水中文化遺産

	場所	遺跡ポイント名	年代	海底の状況
1	ウスティカ島 Ustica-Palermo	Punta Falconiera	B.C. 1 世紀〜A.D. 12 世紀	岩、砂地、ポシドニア草原
2	ウスティカ島 Ustica-Palermo	Punta Gavazzi	B.C. 3 世紀〜A.D. 4 世紀	岩、砂地、ポシドニア草原
3	アスプラ Aspra-Palermo	Mongerbino	B.C. 3 世紀〜A.D. 12 世紀	岩
4	チェファルー Cefalù-Palermo	Kalura	A.D. 4 世紀〜A.D. 8 世紀	砂地
5	フィリクディ島 Filicudi-Messina	Cape Graziano	B.C. 5 世紀、B.C. 2 世紀〜 A.D. 12 世紀	岩、砂地、ポシドニア草原
6	パナレア島 Panarea-Messina	Basiluzzo	B.C. 1 世紀〜A.D. 1 世紀	岩、砂地、ポシドニア草原
7	タオルミーナ Taormina-Messina	Wreck of columns	A.D. 3 世紀	岩、砂地
8	アーチ・トレッツァ Aci Trezza-Capo Mulini-Catania	Ciclopi Islands	B.C. 1 世紀〜A.D. 12 世紀	岩、砂地、ポシドニア草原
9	ノート Noto-Siracusa	Wreck of amphoras	B.C. 4 世紀〜B.C. 3 世紀	岩、砂地
10	マルザメーミ Marzamemi-Siracusa	Wreck of columns	A.D. 3 世紀	岩、砂地
11	カーポ・パッセロ Capo Passero-Siracusa	Wreck of marbles	A.D. 3 世紀〜5 世紀	岩、砂地
12	パンテッレリア島 Pantelleria-Trapani	Gala Gadir	B.C. 3 世紀〜A.D. 2 世紀	岩、砂地、ポシドニア草原
13	パンテッレリア島 Pantelleria-Trapani	Cala Tramontana	B.C. 3 世紀〜B.C. 2 世紀	砂地、ポシドニア草原
14	パンテッレリア島 Pantelleria-Trapani	Punta Li Marsi	さまざまな年代	岩、砂地、ポシドニア草原
15	パンテッレリア島 Pantelleria-Trapani	Punta Tracino	B.C. 2 世紀〜A.D. 12 世紀	岩、砂地、ポシドニア草原
16	パンテッレリア島 Pantelleria-Trapani	Punta Tre Pietre	―	岩、砂地、ポシドニア草原
17	マルサラ Marsala-Trapani	Capo Boeo	さまざまな年代、 B.C. 4 世紀〜	岩、砂地、ポシドニア草原
18	マレッティモ島 Marettimo-Trapani	Wreck of cannons	A.D. 16〜17 世紀	岩、砂地、ポシドニア草原
19	レヴァンゾ島 Levanzo-Trapani	Cala Minoa	B.C. 1 世紀	岩、砂地、ポシドニア草原
20	サン・ヴィート・ロ・カーポ San Vito lo Capo-Trapani	Wreck of amphoras	B.C. 2 世紀〜A.D. 12 世紀	砂地
21	サン・ヴィート・ロ・カーポ San Vito Lo Capo-Trapani	Wreck of the grinders	B.C. 7 世紀〜A.D. 6 世紀	砂地
22	サン・ヴィート・ロ・カーポ San Vito Lo Capo-Trapani	Kent	現代	砂地
23	スコペッロ Scopello-Trapani	Stacks	さまざまな年代	岩、砂地、ポシドニア草原

＊シュノーケルによる見学も可能。

遺跡の特徴	最大水深 (m)	海岸からの距離 (m)	ダイビング難易度
さまざまな種類の錨。	35 m	50 m	中
鉛製の錨が複数。	20 m	100 m	低
錨が複数。	30 m	100 m	中
港の関連遺構。	6 m	100 m	低*
錨、アンフォラが複数。現代の沈没船。	28-45 m	200 m	中-高
壁構造の遺構。	18 m	10 m	低*
エウボイア島（ギリシャ）のチポリーノ大理石の柱が複数。	27 m	10 m	中
錨が複数、視覚障害者のためのアンフォラのレプリカ（ハンズ・オン展示）。	22 m	200 m	低
ケルキラ（コルフ）－コリント式のアンフォラ。	45 m	3000 m	高
アッティカ（ギリシャ）の大理石の柱（未成品）と方形の石材が複数、アンフォラ片。	8 m	700 m	低*
プロコネシア大理石（トルコ・マルマラ島）のブロックが推定総量 350 トン。	9 m	200 m	低*
錨、アンフォラが複数。木製船体の一部。立寄り港として古くから利用されていた。	30 m	200 m	中
石製碇、アンフォラが複数。避難港として利用されていた。現代リビアの漁船。	18 m	50 m	低
石製の錨、アンフォラ、現代の錨など。避難用の停泊地として利用されていた。	24 m	100 m	中
石製の碇 1 点、金属製（鉛、鉄）の錨が複数、アンフォラが複数。	38 m	100 m	中
石製の碇が複数。	28 m	100 m	中
錨、アンフォラが複数、土器片。	10 m	200 m	低*
鉄製の大砲。	18 m	100 m	低
アンフォラが多数、土器片、碇、船体の一部。	30 m	100 m	高
アンフォラが多数、ノルマン時代の沈船が 2 隻。	18 m	300 m	低
砥石、石製の碇、船体の一部。	18 m	300 m	低
1970 年代の商業船ケント号、積荷がコーランだった。	54 m	900 m	高
アンフォラ片が多数（年代・形式もさまざま）、土器・陶器片、石製碇など。	18 m	100 m	低

や最新の水中コンピューターガイド機器など、見学案内に必要な
ツールを開発し、提供する。講義は、新しいダイビングサービスが
参入したとき、新しい調査成果が出たときにはそのたびに実施す
る。ゲストのレジャーダイバーのお土産となるようなTシャツや
ステッカーなどのグッズも作成しており、これらも無償で提供して
いる。遺跡現地の見学時に使用するマップも、ゲストが記念に持ち
帰ることができる。

　それらの素材をもとに、認定DSは一般のレジャーダイビングの
ゲストのうち、希望する者をガイドして遺跡を見学させ、通常のレ
ジャーダイビングのガイド同様に、ゲストから直接ダイビング代金
として収入を得る。イタリアをはじめとするヨーロッパ諸国では、
日本とは異なりセルフダイビングが盛んで、通常のダイビングポイ
ントであれば、ガイドを付けずに2人1組のバディのみでレジャー
ダイビングを楽しむことも多い。しかしながら、法律で保護対象と
して指定されているこれらの23カ所の遺跡は、認定DSのガイド
なしではダイビングすることができず、レジャーダイバーは、これ
らの遺跡を見学したければ認定DSをとおし、ガイドに同行しても
らうしか手段はない。違反した場合は罰金が科される。遺跡へのダ
イビング回数の制限などは、局のほうからは特に設けておらず、認
定DSにある程度判断を委ねている。ガイドの手法については、細
かな手法は任せているが、認定時にガイドラインについて指導を受
け、遺跡ガイドに必要な情報やゲストに伝えられるべき情報につい
ては、ツールとともにパッケージとして提供される。

　管理とモニタリング　一方で、認定DSはダイビングシーズン前と
後に実施する、ラベルの設置撤去作業、草むしり、掃除などの必要

なメンテナンス作業において、局に協力する義務がある。メンテナンス作業実施の際は、必ず局からも職員が 1 人か 2 人は参加して指導する。日常的に海に接しているのは認定 DS のダイバーたちであり、遺跡の異変に最も素早く気がつくことができる。異変があれば局にすぐに通報するという、モニタリングの役割も担う。局からは、トラブルの報告があればすぐに現地に確認のための職員を派遣する。異変がなくても職員は各遺跡を 2、3 ヶ月に 1 回程度は見て回るようにしている。ただ、ランペドゥーザ（Lampedusa）島などのように極端に遠いところは、年に 1 回程度しか行くことができないこともあり、エオリア諸島やウスティカ（Ustica）島などそのほかの離島にもそう頻繁には行くことができない。このような離島部では、現地の認定 DS によるモニタリングはいっそう欠かせない役割となる。

EU 助成の活用　表 3-1 に掲げた 23 遺跡のうち 7 遺跡において、遺跡解説の手法として最新のコンピューター機器を導入している。これも EU のプロジェクト助成金により可能になった、2016 年からの新たな試みである。2016 年は 6 件の認定 DS が利用している。水中の遺跡には、遺跡解説のプラスチック製のラベルがいくつか設置してあり、それぞれにマイクロチップが内蔵されている。ダイバーは、コンピューター機器を腕に装着してダイビングし、その機器を設置されているラベルにかざすと、機器の画面に詳しい説明文が現れる。コンピューター機器は、一般のレジャーダイバーの視点で見ると、やや大きく、上級者でなければ装着している状態がストレスになるかもしれない。将来的にはマスクのなかにこのような機能を内蔵して、読むことができるようにしたいと考えている。

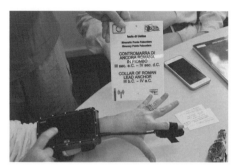

図3-21　シチリアの水中文化遺産見学に使わ
れているガイドコンピューターを腕
に装着した様子（右手人差し指で触れ
ているのが画面）

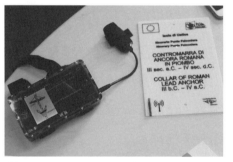

図3-22　同上ガイドコンピューターとプラス
チック製のラベル（このラベルにガイ
ドコンピューターをかざすと画面に解説
が現れる）

これらの普及啓発に関わるグッズや機器などはすべて、EU関連の助成金を得て作成している。本書でも参考文献に挙げている水中文化遺産のガイドブック（Tusa and Zangara 2015）や、遺跡現地を撮影した動画（DVD、USBメモリ）も普及啓発のために作成している。EUの助成金は現在のところ潤沢に提供されているため無料配布をしているが、プロジェクトベースで提供されるため2、3年単位で、更新が叶わない場合は終了することになる。コンピューターのガイド機器など、新しい開発を含むプロジェクトについては助成を受けやすく、今は資金確保ができている。しかしそれは永続的なものではない。助成金が終了した場合は、シチリア州政府内の観光庁と連携して、販売することも検討している。

認定 DS システムの成果　現行の認定 DS システムを導入して約 15 年になる。2002 年の初期段階以来、大きなトラブルはない。調査前は繰り返し起きていたアンフォラの盗難事件は過去 15 年間でたった1件しか起きていない。それは、カラ・ミノラ沈没船遺跡での出来事で、2012 年にアンフォラが1つ姿を消したことがあった。その際に、地元で緊急ミーティングを開き「このままではアンフォラが見つかるまで遺跡の公開を中止しなければいけない」と警告をしたら、2ヶ月後にはこっそり元の場所に戻されていた。また、2015 年には同じくカラ・ミノラ遺跡でアンフォラがいくつかなくなったという報告が1件あり、局の職員を現地に派遣して確認したところ、砂に埋もれていただけだった。

　このことからも、認定 DS は遺跡に対して勝手な掘削など余計な干渉はせず、異変についてはすぐに局に連絡するという、モニタリング・通報システムがきちんと機能していることがわかる。盗難の防止には、沿岸警備（Guardia Costiera、日本でいう海上保安庁にあたる）に遺跡の分布図と GPS を提供し、近代のものも含めるとシチリア州で 1,500 カ所ほどある水中文化遺産のパトロールをしてもらっている。

保護の考え方

　保護については、遺

図 3-23　シチリアの水中文化遺産の普及啓発グッズ（遺跡のガイドブックや、解説カード、DVD など）

跡を覆い隠してしまうのがベスト、と考える人が多いことを承知しながらも、局ではそうは考えていない。海のなかの遺跡のほうが、動かすことができる遺物を人目につかずに盗むことが容易になる。そのため、見せて、人目にさらされる状態を常に保つほうがよい、という方針である。公開活用した上で、それぞれの水中文化遺産を擁する地元が責任をもつのがベストだと考えている。地元の歴史なので、自分たちのものだという意識と責任をもってもらう、そして、それが収入にもつながるということを教え、共有していきたいという姿勢にある。

　これまで遺跡が見つかったときに、地元の人々が海底で見つかった遺物をパレルモなど中央の博物館に持っていってほしくないと主張することがあった。そこで、地元に残せる現地公開の方法を考えた。今は観光産業もその水中文化遺産に頼って利益を得ている。過去には、遺物を引き揚げて博物館へ移動させた例もあるが、資料の豊富な博物館へ持っていっても、どうせ展示されることなく収蔵庫で眠ってしまうことが多い。それよりは、現地で公開活用したほうが文化遺産保護としての意義は大きいと考え、今は原則として現地に残すことにしている。

　2015 年、約 3,500 人のレジャーダイバーがシチリア島を訪れた。ダイビング観光産業はシチリアではまだ大きな市場ではない。レジャーダイバーたちは、おおよそ半分がイタリア人、そのほかフランス人、ドイツ人、アメリカ人などが多くを占める。ただ、シチリアでのレジャーダイビングはお金のかかる遊びであり、イタリア本土からレジャーダイビングに出かけるなら、エジプトやギリシャなど近くの国外へ行ったほうが安価に楽しむことができるという。そ

の状況のなかで、シチリアでのレジャーダイビングにどう着目して
もらうかも1つの大きな課題として捉えている。

　広域分布調査　この影響もあって、局では、アメリカの財団等の
助成を受け、より水深の深い海域での調査を開始した。エガディ諸
島については、特にエガディ海戦の舞台となったレヴァンゾ島の北
側を中心に広域にわたる悉皆分布調査を実施し、その成果にはめざ
ましいものがあった。2004年末までに、シチリアの豊富な水中文
化遺産の概要が明らかになった。調査を積み重ね、遺跡の評価をし
た。その先にあるのは保存と活用である。このような全体の流れの
なかで局の創設があった。さらに、保存と活用の仕組みを検討する
なかで、オーストラリアでの事例に着想を経て、遺跡のある地元の
ダイビングサービスに声をかけることを始めた。それが、このシチ
リアの海底遺跡の一般公開プロジェクト、「Itinerari Culturali Sub-
acquei in Sicilia」につながっていった。

　緻密な調査研究と公開　このシチリアの水中文化遺産の公開活用
は、対象とされる遺跡の精緻な調査研究の上に成り立っていること
を忘れてはならない。何を保存するのか、何を見せるのか、その水
中文化遺産のどこに価値があるのか、どうすればその価値は顕在化
させることができるのか。公開活用するためには専門家による調査
研究により遺跡の内容を明らかにし、評価する必要がある。この当
たり前のプロセスは、陸上の遺跡のみではなく水中の場合でも適用
される。

　そして最も大きな課題はこのシステムを継続することである。持
続可能な仕組みを作り上げることは、文化遺産の保護にあたり、誰
しもがめざすところである。シチリア島の住民間の教育格差と経済

状況が、その大きな課題となっている。局でも、次世代の保護を担う子どもの教育には力をいれており、出張授業や水中での発掘調査風景の見学など、子どもたちが水中文化遺産に触れる機会を積極的につくっている。経済状況についても、この水中文化遺産から得る収益が地方の停滞を打開するきっかけになればよいと考えている。将来的には助成金ではなく、水中文化遺産の活用で得た収益を保存やメンテナンス、調査研究にあてるというサイクルの構築に向けて進んでいる（シチリア州海事文化遺産監督局ホームページ参照）。

第4章　海底から蘇ったローマ皇帝のヴィッラ

第1節　ローマ帝国と温泉保養地バイア

ローマ帝国への歩み

　紀元前201年、ローマは第二次ポエニ戦争に再び勝利を収め、地中海の覇者となった。そしてその後さらに勢力を強め、マケドニアとギリシャの諸ポリスをも支配下に収める。その一方で、長引く戦争の社会的影響は大きかった。農地が荒廃して没落した農民がローマへ流入し、都市の人口増加に拍車がかかる。増えゆく人口をまかなうため、ローマはさらに属州を拡大する方向へ向かう。貧富の差が大きくなるにつれ、共和政の土台が危うくなる。元老院支配を守ろうとする閥族派と、無産市民らが支持する平民派との分裂、グラックス兄弟の農地改革の失敗など、内乱の続く時代へと突入する。

　独裁官カエサル　護民官の1人に過ぎなかったカエサルが力をつけはじめたのはこの頃であった。彼はポンペイユスやクラッススとともに、約1世紀にわたる内乱を武力によって鎮め、元老院に対抗する政治同盟を結ぶ。第1回三頭政治（紀元前60〜紀元前53年）である。その後、カエサルはガリア遠征へ出てヒスパニアでめざましい戦果をあげ、力と民衆の支持を得たが、ポンペイユスとは仲違

いをしてしまう。元老院からも疎まれるようになり、執政官立候補を妨害された上に、ガリア属州総督任期延長の希望も受け入れられなかった。任期が切れて属州総督を解任され、追いつめられたカエサルは、元老院に叛旗を翻すことを決めた。その直前には悩みもあったかもしれない。しかし、紀元前49年1月10日、賽は投げられた。

　カエサルはたった6千の兵を率いてルビコン川を渡り、ポンペイユス率いる6万の軍勢の待つローマへ進軍することを選んだ。ルビコン川は当時、イタリア本土と属州ガリアとの国境をなした川であり、これより南には軍を入れてはいけないとされていた。これで、カエサルの元老院に対する謀反は決定的なものとなった。3月16日、カエサルは軍を城門の外におき、ひとりローマへ入った。独裁官（ディクタトル）の称号を元老院に要求して拒否されはしたものの、結局ローマは彼の手におちた。その後紀元前48年、ファルサルスの戦いでポンペイユスを倒し、敗走したポンペイユスを追ってたどり着いたアフリカのプトレマイオス朝エジプトで、当時権力から追放されていた女王クレオパトラと出会う。クレオパトラの復権に手を貸し、長期滞在をしたのち、紀元前46年にローマへ凱旋帰国した。

　その後ローマで、カエサルは紀元前44年に終身の独裁官となった。この日からローマは、ギリシャの伝統を引き継いでずっと固執してきた共和政という政体を、事実上あきらめた。そしてその後、東西分裂後の東ローマ帝国の滅亡までを帝政ローマの時代とするなら約1400年間、ひとりの権力者に治められることになる。しかし、そもそもローマ人は権力の集中を好まない。独裁者として権力をも

図4-1　古代ローマ遺跡フォロ・ロマーノ（右奥にコロッセオも見える）

ちすぎたカエサルは、紀元前44年、結局は元老院の一部の企てにより暗殺されてしまう。カエサルが倒れた場所は、今もフォロ・ロマーノに残り、多くの人が訪れ祈りを捧げている。

パクス・ロマーナの時代

　カエサルが後継者として指名したのは、腹心だったマルクス・アントニウスではなく、甥のオクタヴィアヌス（紀元前63〜紀元前14年）だった。嫡子に恵まれなかったカエサルは、彼を養子に迎えてかわいがっていた。同行したヒスパニア遠征でその力を発揮し、カエサルに見込まれるようになる。オクタヴィアヌスとアントニウスはカエサルの後継をめぐり対立するが、同じくカエサルの腹心であったレピドゥスの仲裁で、紀元前43年、2度めの三頭政治となった同盟を結び、元老院はこれに屈服せざるを得なかった。紀

元前31年、オクタヴィアヌスはそのアントニウスとクレオパトラを、アクティウムの海戦で破った。これによりプトレマイオス朝エジプトは滅び、ローマの内乱の時代も終わりを告げる。

　カエサルの失敗から慎重になることを学んだオクタヴィアヌスは、自らをプリンケプス、「第一の市民」と称し、常に元老院を立てることに努めた。独裁官への就任も、元老院からの薦めに辞退を繰り返したのち、やっと受け入れたという体にした。しかし、事実上は独裁皇帝であった。紀元前23年、オクタヴィアヌスは、「偉大なる者」を意味するアウグストゥスの称号を与えられた。これよりローマでは200年ほど「ローマの平和」（パクス・ロマーナ Pax Romana）と呼ばれる安定した時代が続く。「ローマ帝国における皇帝」と、オリエントや中国といった「アジアにおける皇帝」とはその性質が大きく異なる。アジアにおける皇帝は武力や神、天命によって皇帝になることから、彼らの意志は絶対的な権力をもつ。それに対し、ローマ帝国における皇帝は元老院の推挙によってなることから、ローマ皇帝は常に元老院の意志を尊重した上での権力しかもたない。これが、権力の集中を嫌うローマ人のなかで、ローマ皇帝が巨大な帝国を維持するために、オクタヴィアヌスが生み出した政体である。大きく膨らんだ領土や属州に住む人々の平和を維持するためには、決断に時間がかかる共和政では限界があり、権力が集中することから素早い決断が可能となる帝政を選ぶしかないと、彼は知っていた。

ローマの皇帝たち

　アウグストゥスは実子に恵まれず、彼の死後は妻リウィアの連れ

図4-2　今もローマにたたずむアウグストゥスの霊廟

子であったティベリウス（紀元14〜37年在位）が帝位についた。
ティベリウスは若い頃から熱心に学問に励み、属州統治でも地力を
発揮した。皇帝の命により彼の娘ユリアと結婚したが、その結婚生
活は幸せなものではなく、ひとりロードス島で隠遁生活を送ってい
た。そのティベリウスが、アウグストゥスの晩年にローマへ呼び戻
され、義父の執政の補佐を務める。アウグストゥスの死により元老
院から帝位につくよう求められたとき、彼は55歳だった。地味で
倹約家で、公正で的確な政治を着実に行ったティベリウスの時代に
は、大きな公共工事もなく国庫は健全な状態となった。目立たず民
衆の人気はなかったが、アウグストゥス政治の継承と確立に尽力
し、辺境防衛の強化も行った。しかし、晩年はカプリ島で隠遁生活
を送っていたが、腹心の裏切りによる暗殺未遂事件を経て身も心も

疲れ果て、紀元前37年にカプリ島からカンパーニャに出て来たときに発作により死亡する。比較的高齢で帝位についたこともあり、彼の治世は長くはなかった。

　その後、悪帝名高いカリグラ（第3代皇帝、紀元37〜41年在位）が即位したが暗殺され、アウグストゥスの妻リウィアの孫でありティベリウスの甥であったクラウディウス（紀元41〜51年在位）が帝位につく。彼は病弱で身体的な障がいがあったともいわれ、ほぼ隠遁生活を送りながら歴史書を執筆するなどしていた。しかし、50歳で即位してからは先帝による愚かな法令をすべて廃止し、元老院に頼らず解放奴隷から優秀な人材を積極的に登用し、財政再建とブリタニア遠征でめざましい成果を収めた。

第2節　陸と海のバイア遺跡

バイアの街とバイア遺跡

　バイア（Baiae）遺跡とは、イタリア半島南西部カンパニア州（Campania）のナポリ湾に面するバコーリ市（Bacoli）のバイア（現在の地名は Baia と綴る）という港町にある。州都ナポリ（Napoli）から20キロほど、車で40分ほどナポリ湾沿いに西へ走れば到着する。バイアの町が位置するこのナポリ湾の西に広がるポッツオーリ湾（Golfo di Pozzuoli）の一帯は「熱い」「燃えさかる」などを意味するギリシャ語源の名を冠し、フレグレイ平野（Campi Flegrei）と呼ばれる。ナポリの西にある有名な火山、ヴェスビオ山（Monte Vesuvio）に象徴されるように、活発な火山活動が見られる地域であり、地域全体がカルデラ火山にあたる。そしてその地形

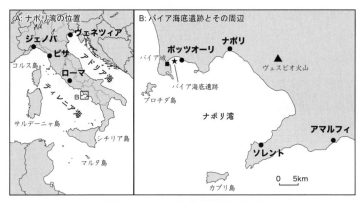

図4-3 バイア海底遺跡周辺地図

は火山活動の影響を大きく受けている。

　バイアの街は紀元前2世紀頃から、その海と丘陵が広がる美しい景色、温暖な気候と温泉により保養地として栄えていた。ゲーテをして自然と歴史に感動させられ続ける土地といわしめ、カエサルやアウグストゥス、キケロ、クラウディウス帝やネロ帝など古代ローマ帝国を支えた人々や皇帝が愛したことでも知られる。一時は、ローマ帝国の政治の中心はローマだが、生活の中心はバイアにあるといわれたほど、数多くの皇帝や裕福な要人たちがヴィッラ（villa別荘）を構え、多くの時間をこの町で過ごしていた。

　バイアは、有名な古代ローマの主要港、ポッツオーリ港と同じポッツオーリ湾に面したすぐ東向かいに位置し、その港も栄えた。ポッツオーリ港とバイア港の中間地点あたりには、今は海の底に遺跡として沈むユリウス港（Portus Julius）という、初めて古代ローマ海軍専用に造られた港があった。ポッツオーリ港はアウグストゥス期にはローマ帝国第一の港ともされた主要港となり、バイアは豪

華な別荘と温泉の街として、その栄華を極めた。それから300年ほどの間に、よりローマに近接したオスティア（Ostia）港の重要性が高まるにつれ、ポッツオーリ港は次第に衰退していった。

バイアの遺跡は先にも述べたとおり、海中と陸上の遺跡、両方からなる。海中の遺跡は、地殻変動により地盤の沈下と上昇が繰り返された結果、現在は街並みが海面下に沈んでしまったことによりそこにある。バイアの港にはたくさんの倉庫や港湾設備が造られ、湾に面した町には大規模な公衆浴場があった。たび重なる火山噴火を経た現在とは地形も大きく異なり、紀元前1世紀当時のバイア湾は、ほぼ湖（Lacus Baianum）のようなつくりで、運河によって海へつながっていた。陸上に現存する主要な遺構は、公衆浴場を中心とする複合施設跡である。公衆浴場は時代とともに増改築が繰り返され、後にさらにそれを取り囲むように宮殿（Palatium Baianum）が造られ、大規模な複合遺跡となっている。丘の斜面から海へ向かって、テラス状に造られたさまざまな施設が続く。当時は、丘の裾にあたる最も低いテラスの上に海岸線に面して築造された建物のエリアが、後世の地盤沈下により現在では海中に没している。

本章で紹介するバイア遺跡は、そのような時代の遺跡である。クラウディウス帝は、温泉保養地として当時から名高かったバイアの地を特に好んだといわれている。港町であるバイアにあるローマ帝国時代の遺跡は、陸上のみでなく、港の目の前に広がるバイア湾の海中にも残されている。海底にある水中文化遺産が恒常的に遺跡公園として整備され、見学者に常時公開活用されている希有な事例である。

図4-4　バイア湾とナポリ、ヴェスビオ火山（この地域一帯が巨大な火山により形成された地形）

図4-5
船がひしめき合う
バイアの港

陸上のバイア遺跡

　陸上で整備されている部分の遺跡は以下の5つのエリア、①テラスの集合するエリア（Complesso delle terrazze）、②メルクリオ浴場（Terme di Mercurio）、③下段の温泉（Terme Inferiori）、④ソサンドラの温泉（Terme di Sosandra）、⑤ヴェネレの温泉（Terme

図4-6　陸上のバイア遺跡

di Venere）からなる。メルクリオとは商業や旅人を守る神といわれるメルクリウスのこと。ソサンドラとは、「人々を救うヴィーナス」といわれる有名なギリシャ彫刻「ソサンドラのヴィーナス」に因む。その彫刻のローマ時代のコピー作品がバイアから出土している。ヴェネレとは美の女神ヴィーナスのことで、日本でいえばさしずめ“美人の湯”といったところか。各々のエリアの主軸方向が異なることから、築造年代も異なることが推察できる。そして、①のみが他とは異なりヴィッラ（邸宅）の構造をしているが、他の4つはいずれも同様に、温泉浴場、ニンフェウム、噴水、庭に面した居住施設などからなる温泉複合施設のつくりをしている。

　最も有名な建物の1つは、メルクリオの温泉のなかにある紀元前1世紀頃の「エコーの寺院」と呼ばれるドームである。円形のサウナ浴場にドーム型天井がつけられ、その内部での音はまるでエコー

図 4-7
エコーの寺院
（天井のドームを
外から見た様子）

図 4-8
オプス・レティク
ラータムが施され
た壁

がかかったように響く。この建物は、後にローマに建てられたパン
テオン(2)にも影響を及ぼしている。メルクリオの温泉には、オプス・
レティクラータム（opus reticulatum）と呼ばれる、小さな菱形の
石が網目のように連なって積まれ、目地を漆喰で固められた外装の
壁の一部が何カ所も残る。この壁は、古代ローマのアウグストゥス
期の特徴であり、遺跡が紀元前2世紀末ごろに建てられたことがわ
かる。大小さまざまな浴室、柱の並ぶ回廊などが今も残され、大規
模施設であったことがわかる遺構が残されている。国家プロジェク

図4-9　セラピスの寺院

トとして継続的に修復と整備が行われ、その作業は現在も続く。

　公衆浴場のほかにも周辺に、リオーネ・テッラ（Rione Terra）といわれる集落遺跡、セラピスの寺院（Tempio di Serapide）などがある。リオーネ・テッラ（リオーネは「地区」、テッラは「陸」の意）は居住域であったと同時に、ポッツオーリの港にとって重要な要塞でもあった。セラピスの寺院からは、セラピス神の像が発見されている。セラピスはプトレマイオス朝エジプトの神であったが古代ギリシャやローマでも崇拝されるようになっていた。大理石とモザイクで飾られた素晴らしい建築物であった。これらの修復は現在まで繰り返し行われている。

　また、バイア湾の西の端には、バイア城を転用して造られたバイア城考古学博物館がある。城はムーア人の襲撃からポッツオーリ湾を護るために、15世紀末に建てられ、その後1538年の噴火により大きく損壊を受けた。1993年からは修復されてバコーリ市の考

図 4-10　バイア城（ダイビング時に、港からも船からもそびえ立つ様子がよく見える）

古・歴史博物館として利用されている。この建物においても、さまざまな箇所の修復は今も続いている。古代ギリシャから始まるこの地域の歴史や数多くの彫刻、なかでも古代ローマおよび中世の発掘調査成果を中心とする展示構成だが、バイア海底遺跡の概要を把握するための復元模型や出土遺物も展示されている。距離はやや離れているとはいえ、バイア海底遺跡にとって、陸上でのガイダンス施設的な役割を果たす。これについては、後に詳しく述べる。

水中のバイア遺跡（バイア海底遺跡）

　バイア遺跡の当時最も沿岸部にあった部分が、地盤沈下や噴火に起因して繰り返される地形改変により、水中に没したことは前項でも述べた。現在のバイア港の目の前の湾内に、当時のバイア湖、湖

と海をつなぐ運河、それをとりまくヴィッラや浴場、港湾設備、道路などの遺構が沈んでいる。バイア海底遺跡とは、この古代ローマの遺跡の、地盤沈下により海底に沈んでしまった部分のことをいう。遺構の多くが、現在の海岸線から400mほど離れた、水深3〜9m程度のエリアに位置する。国立海洋公園として管理され、陸上に残された関連遺跡とともに、一般見学者に常時公開されている。この遺跡の概要については、2007年に野上建紀氏とダニエレ・ペトレッラ氏（Dr. Danielle Petrella）により、日本で初めて紹介されている（野上・ペトレッラ 2007）。本章では、現在の様子とさらに詳しいマネジメントの状況について、いくつか整備されている見学コースを軸に紹介したい。

プンタ・エピタッフィオとニンフェウム

水中にある遺構のなかで顕著なものに、バイア湾の北東端、プンタ・エピタッフィオ（Punta Epitaffio）に沈むニンフェウム[3]（ニンフを祀った神殿）の建物がある。これは後述のゾーンAと呼ばれる遺構が最も集中するエリアにある。遺構面の水深は5mほどと浅く、ダイビングの難易度も低い。つまり、ダイビング初心者でも超一級の古代ローマの水中文化遺産を間近に見学することができるのである。最も岸に近い側のニンフェウム、隣接する浴場（Complesso Termale）とそれにとりつく石畳の道であるエルクラネア通り（Via Herculanea）を見学する40分ほどのコースが、ダイビングによる見学の通常のコースとなっている。このポイントは、事前にライセンスの取得が必要なスキューバダイビングのみではなく、シュノーケリングやグラスボートからも見学ができる。

　ニンフェウムは、バイアの水中考古学センターの創立者でもある
ニノ・ランボリャ教授（Prof. Nino Lamboglia）が1959年に発見
し、その平面構造を明らかにした。遺跡の発見から海底遺跡公園設
立までの経緯は後に詳細を述べるが、1960年には、長方形の部屋
の奥側の短辺（後陣）にあたる位置に2体の彫刻が立っているのが
発見された。その彫刻は、酩酊するポリュペモス（Polyphēmos）[4]
をオデュッセウスが従者のバイオス[5]と一緒に見ている様子を表現し
ており、オデュッセウスが大きな革袋に入ったワインのおかわりを
勧めている。ホメロスのエピソードにある、オデュッセウスがポ
リュペモスを酔わせる場面である。

　長方形の部屋の東西各長側辺に4カ所ずつ、壁龕がある。そし
て、奥側の短辺には先ほどもの触れた半円形の後陣（apse）、その
向いにはレンガ造のアーチをもつ出入り口がある。壁龕には彫像が
飾られていた。東側の3体と西側の1体が遺跡の発見時までその場
に残されていた。後陣と両側辺の壁龕で、合計6体の彫刻が良好な
状態で見つかっている。東側の3体のうち、2体は若き日のディオ
ニソス、3体めはネロの妻となったクラウディウス帝の娘クラウ
ディア・オクタヴィア[6]、西側の1体はクラウディウス帝の母、小ア
ントニアである。

　18 m×10 mを測る部屋の中央に10 m×3.5 mの細長いプールが
あり、その周りの壁に彫刻が飾られ、クラウディウス朝の繁栄を象
徴するかのようなギャラリーになっている。そのうち最も美しく、
状態がよいものは、若い頃のディオニソスを模した像である。ニン
フェウムへ入ってすぐ右手に現れる1体めの彫像は、若い頃のディ
オニソスがアイビーの冠（リース）をかぶっている。このワインと

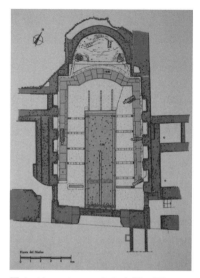

図4-11 ニンフェウム内部の図（バイア城考古学博物館内の展示解説パネルにある説明）

快楽と自由を象徴する神が、この部屋の用途を語る。続いて隣の空の壁龕の後ろには、クラウディア・オクタヴィアの繊細な影像が小さな蝶の羽をつまんで立っている。部屋の奥の後陣までいくとゴブレットを抱えたオデュッセウスとバイオスが見える。

続いてプールの西側にまわるとクラウディウス帝の母、小アントニアが「母なるウェヌス神」(7)（Venus Genetrix）として小さな羽の生えたキューピッドと共に置かれている。彼女は死後、クラウディウス帝の治世に神格化されたことから、この影像は彼女の死後に作られたものであることがわかる。

部屋の出入り口には、中央のプールへ続く水路の上に大きなレンガ作りのアーチが見える。賓客はこのアーチから出入りした。その出入り口のそばにプールを挟んで2つの大きな寝椅子（klinai）が対になって置かれている。2つとも見事に原位置を保ち、中央を挟んで対称となる位置に、部屋の両脇の出入り口と同じ高さに置かれている。中央にはテーブル代わりのプールがある。客人たちは、プール側に頭を向けて、プールを囲むようにこの寝椅子に寝そべりながら、食べて、飲んで、話をした。重い皿の料理はプールサイド

図 4-12
上はバイア城考古学博物
館のニンフェウム復元模
型。丸く囲った部分は寝
椅子の端の板石（klinai）。
海底のニンフェウムに見
事に残っている（左）。

に置かれたが、ソース類や軽い食事は、水鳥の形をしたスープ用の
深皿（tureen）に入れられるなどして水の上に浮かべられていた。
また、プールには、さらに印象的な別の用途があった。王室からの
客や賓客は船でアーチをくぐってここに現れ、船を係留するのであ
る。部屋の周囲の床には、部屋を囲う三方向にコの字形にパイプが
めぐらされている。壁龕の下部、彫像の足下を走るこれらのパイプ

には水が流れ、彫像の噴水に水を供給していた。

ニンフェウムはプンタ・エピタッフィオがある微高地となっている尾根の先端にあり、周囲の建物より一段下がった地下階に造られている。ポリュペモスの住処であった洞窟を模して設計されたといわれるが、地下というロケーションがいっそう洞窟感を醸し出している。特別な機会にのみ利用された、素晴らしい装飾を備えた部屋だったことが想像できる。

この建物が決定的に放棄される前に、急ぎいろいろな建材が他所で転用するために取り外された痕跡が残る。特に大理石と鉛製の管類に顕著である。例外的に、部屋の北西隅で1つ、コリント式の柱頭をもち縦溝彫りが施された片蓋柱（pilaster）が残され、4世紀初め頃のものに比定される。彫像やこれらの情報からこのヴィッラはクラウディウス帝のものであったといわれている。

レプリカの設置　現在は、海底のニンフェウムの現地には彫像のレプリカが置かれている。オリジナルの彫像はバイア城考古学博物館にあるニンフェウムの実物大復元展示に移された。展示は水中の遺構を見学する前や後に、ニンフェウムの全体像を理解しやすくするガイダンス施設的な役割を果たしている。海底のニンフェウム現地にレプリカが置かれていることの魅力は否定できない。これらがあることで、ニンフェウムがどういったものなのかがわかりやすくなり、ここでのダイビングがいっそう印象的な、何ともいえない高揚感を味わうことのできる体験になる。

図 4-13　ニンフェウムの彫像
　　　　左：海底に置かれたレプリカ
　　　　右：博物館内に展示されたオリジ
　　　　　　ナル

図 4-14　バイア城考古学博物館に復元されたニンフェウム（オリジナルの彫
　　　　像はすべてここに展示されている）

図 4-15
海底に設置されたニンフェウ
ムの案内パネル

図 4-16
展示解説パネルにある
バイア水中公園案内図
（バイア城考古学博物館）

第 3 節　バイア海底遺跡の管理

バイア水中公園ができるまで

　先述のとおり、バイアの海底遺跡は国立公園として保護され、一
定のルールに基づき一般開放されている。水中遺跡が国立公園とい
う形で整備され、常時一般開放されているのは、イタリア国内でも
現在のところ（2015 年時点）この一例のみである。この国立公園
の保護対象には水中遺跡のみではなく、海洋自然環境も含まれる。

そのため、公園の敷地は海洋保護区（area marina protetta）として、環境部局（Ministero dell'ambiente e della tutela del territorio）と文化財部局（Ministero dei beni e delle attività culturali e del turismo）が共管で法を策定し、その管理にあたっている。

　2007年3月に、地元のダイビング産業に関わる団体（Centro Sub Campi Flegrei に代表される Assodiving Flegreum）とナポリ・カゼルタ考古局（Soprintendenza per i beni archeologici di Napoli e Caserta）が協定を交わし、バイア水中遺跡公園内での水中でのダイビング活動の許可の範囲や禁止事項について合意したことにより成立した。

　そもそもは、1920年代に、港湾施設の拡大工事に伴う調査が行われ、ヴェネレ港（Porto Venere ヴィーナスの港、の意）に遺跡として存在した建物群や彫像が注目されるようになったことから始まる。1940年代には航空写真が撮影され、ポルタス・ユリウス（ユリウスの港、の意）の遺構群が水中にあることを明らかにした。しかしながらバイア遺跡で最初の水中調査が行われたのは1960年代のことである。

　1959〜60年の調査で、最初の地図が作成された。水深6m付近のプンタ・エピタッフィオでは、舗装された道とその両脇にたくさんの建物が見つかった。20年を経てから、のちにその建物群のうちの1つはクラウディウス帝のニンフェウムであることがわかる。現在の海岸線から400mほど離れたところでは、古代ローマのコンクリートを用いた柱がたくさん見つかり、旧海岸線の位置を明らかにした。しかしながら、資金不足によりこの調査もすぐに打ち切らざるを得なかった。

　1969 年、バイア遺跡の保存史上、2 つの大きな出来事が起きる。
1 つは、嵐による荒波でプンタ・エピタッフィオの前面が崩壊し、
そこから彫像群が姿を現したことである。ニンフェウムが発見され
たのである。その後、ニンフェウムの全容が明らかになるのは、最
初の考古学的な発掘調査が実施される 1980 年まで待たねばならな
い。

　もう 1 つは、バイア城が博物館として利用されるようになったこ
とである。ここに今のバイア城考古学博物館が誕生する。そして、
1984 年にバイア城を担当する国の監査官がこれらの遺跡の修復・
復元プロジェクトを立ち上げ、現地に遺物の保存修復作業用の作業
室をもった考古学事務所を設置した。これにより、ニンフェウムの
彫像群の保存処理と修復が可能になった。1997 年にバイア城内の
博物館（バイア城考古学博物館）に、ニンフェウムを復元した部屋
が設けられ、保存処理を経た彫像群はその部屋の壁龕を飾る。

　その後も次々と重要な遺構は確認されていったが、遺跡のあるエ
リア内での海上交通は、遺構に大きな悪影響を及ぼしていた。この
年、考古学遺跡としての学術的重要性を認識するにあたり、フレグ
レイ平野の海岸線から 500 m の範囲については、水中の遺構に影
響を及ぼしかねないすべての活動がいったん制限されるようになっ
た。商業船の通行量も管理されるようになった。

　1998 年、遺構の重要性に気づいた国政府は、遺跡を直接の監視
下におくことに決める。2000 年には遺跡が認められる範囲で全体、
すべての商業船の通行が禁止された。その後、2002 年 8 月 7 日バ
イア水中公園（parco sommerso di Baia）が認可され、そこに 2003
年に設置された事務所が当該海域を監理することになった。そして

現在にいたるまでその公園事務所はナポリ・カゼルタ考古学財監督局（以下「考古学財監督局」という）の監督下にある。2007年の先述の協定に至り、当該海域でのダイビングは定められた法律に基づきバイア遺跡管理事務所により厳しく管理監督されている。

バイア水中公園内の遺跡でのダイビング

　筆者らは、2015年10月に、ペトレッラ氏と地元ダイビングサービス（Centro Subacqueo Ulisse）に所属し、後述する遺跡見学のための特別なトレーニングを受けたガイドであるサムエレ・カラナンテ（Samuele Carannante）氏の案内で、ニンフェウムおよびその周辺を見学した。水深は平均4.2m程度、最大でも5.4mと、浅い海域で遺跡を見学した。湾内というせいもあってか、透明度は3〜5mほど。きちんと遺構を観察するためにはある程度接近する必要がある。水中では、透明度の差はあれども、陸上のように広大な景色や遺跡を一望できるような見通しはまったく望めない。このため、バイア水中公園内のダイビングポイントになっている遺跡では、遺跡の全体像を思い描き、例えばニンフェウムでは、自分がそのなかのどの位置にいるのか、容易に把握できるような工夫が随所になされている。

　ニンフェウムに続く通路の入り口に、まず部屋の全体図が案内パネルとして設置されている。パネルの表面が藻や汚れで覆われて見えなくなるため、ガイドはスチールウールのような固めのたわしを常に携帯しており、それで看板をこすりきれいにした状態でゲストに見せる。そこでこれから見学するルートを示す。入り口を入ってすぐ、水路を過ぎると両脇に寝椅子が見える。その奥にプールがあ

り、両脇の壁を合計6体の彫刻が飾る。これらはレプリカをオリジナルの彫刻が置かれていた場所に沈めたものだが、今ではびっしりと貝などの生物や藻などが付着し、もはやレプリカの本来の表面は見えない。いかにも長い間海底にあった人工物の雰囲気を醸し出している。レプリカをオリジナルの場所に配置して当時の様子を再現する手法は陸上の遺跡でも行われている。その手法は海底遺跡でも充分な効果を発揮している。かつてここは陸上にあり、人々の生活があった場所である。そのなか、道の上を歩くのではなく、上を泳いで移動するというのは不思議な錯覚にとらわれる。第2章で紹介したメソーニ湾に沈んだ青銅器時代の集落遺跡も、潜って見学したらこのような感覚を味わえるのだろう。

　ダイビングを続け、冠をかぶったディオニソスの後ろを東へ進むと、ニンフェウムの外へ出る。建物が面するエルクラネア通りといわれる石畳の道を見学した。ヘラクレスがゲリュオンから奪った牛の群れを連れて通ったという神話になぞらえられ、エルクラネア通(8)りと呼ばれる。神話では湖のそばを通っていた道といわれ、水中に没したことに、いっそうその状況を彷彿させる演出効果がある。当時の典型的な板石舗装が施されている。ローマの皇帝や貴族が歩いた道の上を泳ぐという特権を楽しみつつさらに進むと、右手に通りの東側に沿って階段が見え、この道はネロの時代のものと比定される温泉施設（プンタ・エピタッフィオの浴場 Terme di punta Epitaffio）に続く。2世紀前葉に当初はクラウディウス帝のヴィラに付属して造られ、その後個人の手に売られた。4世紀前葉に改修された跡が見える。体操室（gymnasium）の中庭、高温浴室（calidarium）の後陣、続く微温浴室（tepidarium）と冷水プールの部

屋（frigidarium フリギダリウム）のアクセス通路の廊下では、モザイクを見ることができる。出入り口近くには、ドア軸の穴の痕跡も確認できる。ここでは美しいモザイク、舗装、大理石を見ることができるが、特に大理石のオプス・セクティーレ（opus sectile）(9) が素晴らしい。使用されていた素材も珍しく、またそれゆえに高価な大理石で、その大理石を薄い細かい形状に切り抜く技術の困難さ、それらを並べて形を作る精密さは、大理石を敷き並べる装飾のうちで最も洗練された一流の技術といわれる。望む色彩を手に入れるために違った質の大理石を並べる。大理石の床には、普段は保護のための覆いがかぶせてある。露出したままにしておくと、砂が溜まったり、先に見学したニンフェウムの彫刻のように生物で覆われてしまうからである。見学する際にはガイドが覆いをとって見せ、見学が終了したら、またかぶせてから立ち去るルールになっている。そのちょっとした工夫の成果で生物の付着や摩耗がおさえられ、まるで陸上で見学する遺跡のように美しい状態を保っていた。この浴場のある建物の入り口付近にも、別途その建物とその建物が面する通り、さらにニンフェウムの位置関係のわかる遺構図の解説パネルが設置されている。

　40分ほどで元のエントリーした場所まで戻って来ることのできるコースになっている。ニンフェウムはもちろん最も人気のあるポイントで、ダイビング、シュノーケル、グラスボート、カヌーで訪れることができる。そのため、見学ルートのエントリーポイントを示す部位を増やした。プンタ・エピタッフィオ前の1つめのブイに加え、エルクラネア通りの近くにも混雑を緩和するための2つめのブイが設置された。このような見学コースは現在、他に6カ所で整

図4-17　大理石の床（見学時以外は覆いがかぶせられている）

図4-18　レンガの床

図4-19　モザイクの床の写真（チップで覆われている様子）

備されている（2015年調査時点）。

　遺跡見学は終始、トレーニングを受けたガイドと行動をともにする。ガイドは、船の上で見学するポイントとコースの概要を説明したあと、見学者の先頭に立ち、決められたコースの枠を外れることはない。遺構付近には、解説や復元図を載せた説明板が設置されており、ガイドは見学者にそれを読むように促す。特定の貴重で脆弱な遺構については、先の大理石の床のように保護のための布やチップなどで覆いがかけられている。見学時に、ガイドがそれを取り除いて見学者に遺構を見せ、見学が終了して移動する際には、元の通りに覆いをかぶせる。このように、遺構を公開しつつも、トレーニングを受けたガイドの協力により、細心の注意をもって保存が図ら

れている。

バイア水中公園のマネジメント

　ここでは水中の遺構が常に一般公開されている。そして、遺構の保存と公開活用のバランスを保つためにさまざまな制限と工夫を設け、マネジメントを行っている。まず、遺跡のあるバイアの町の現地に、担当が常駐する国直轄のバイア遺跡管理事務所（以下「バイア事務所」という）が設置されており、すなわち海底遺跡の管理は国が行っている。これは、自然公園としての管理も兼ねる。ナポリ湾の周辺に海底公園7カ所あるが、そのうち文化遺産を含むのはイタリア中でもバイア事務所が管理しているバイアとガイオーラの2カ所のみである。

　イタリアの遺跡管理のシステムは一般的に、地方行政ではなく、国が主体である。それぞれの州の主要な都市や主要な遺跡がある場所に、国の出先機関である考古学財監督局（Soprintendenza Archeologia）がおかれる。バイア事務所は、ナポリにおかれているナポリ・カゼルタ考古学財監督局に属する事務所であり、この海域の重要性を認識した国が設置したのである。地元からの要望等があったわけではなく、トップダウンで設置されたという。このバイア事務所ができる前は、地元のダイビングサービスはどこも自由にダイビングすることができた。かつては遺物等の盗難も起きていたが、今はダイビングをはじめとする遺跡のある海域内での活動はバイア事務所の監督下で制限され、盗難事件等も起きていない。

　責任者は、ルイーザ・ラポーネ氏[(10)]（Dr. Luisa Rapone）であり、考古学財監督局に勤める国の事務官で、普段はナポリのオフィスに

勤務する。バイア事務
所には3名の女性専門
職員（各々建築、考古
学、保存科学を専門と
する）が雇用され、常
駐している。生物につ
いては、常駐専門職員
では対応できないた
め、外部から専門の生

図4-20　バイア事務所の外観

物学者の指導を受ける。バイア事務所の主な仕事は、遺跡の管理と
活用で、バイア海底遺跡海域の状況を日々監督している。

　広報もこの事務所の重要な仕事である。保護対象となっているエ
リアは、規制をかけるだけでなく、活用するべきであると認識され
ている。そのため、プロダイバー向けに遺跡をガイドするためのト
レーニングコースを開催したり、学校の遠足やツアー、イベントな
どを実施したりしている。

　遺跡は、バイア事務所の設立とともに考案されたゾーニング・シ
ステムにより保護されている。遺構の存在する海域を、遺構の密度
や水深、重要度に基づき A〜C、3つのエリアに分けてゾーニング
し、それぞれのエリアで異なったレベルの保護と制限がある。各々
のエリアで許されている行為と禁止されている行為が定められてい
るのである。各ゾーンの境界には、海域ではライト付きの大きなブ
イを設置してゾーンを分けており、陸側にも基準となる目印があ
る。違反行為等、法律遵守の監督は、地元の沿岸警備が担い、定期
的なパトロールなども行っている。

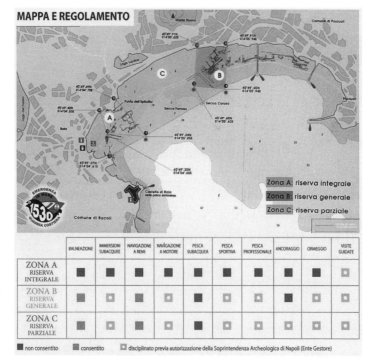

MAPPA E REGOLAMENTO

Zona A: riserva integrale
Zona B: riserva generale
Zona C: riserva parziale

	BALNEAZIONE	IMMERSIONI SUBACQUEE	NAVIGAZIONE A REMI	NAVIGAZIONE A MOTORE	PESCA SUBACQUEA	PESCA SPORTIVA	PESCA PROFESSIONALE	ANCORAGGIO	ORMEGGIO	VISITE GUIDATE
ZONA A RISERVA INTEGRALE	■	■	■	■	■	■	■	■	■	▫
ZONA B RISERVA GENERALE	■	▫	■	▫	■	▫	▫	■	▫	▫
ZONA C RISERVA PARZIALE	■	▫	■	▫	■	▫	▫	▫	▫	▫

■ non consentito ■ consentito ▫ disciplinato previa autorizzazione della Soprintendenza Archeologica di Napoli (Ente Gestore)

図4-21　バイア水中公園ゾーン分けの地図（上）と各ゾーンの禁止事項の一覧（下）（バイア事務所で配布しているマップより転載）

　ゾーン A：完全保護区（riserva integrale）：最も制限が厳しいエリア。水深0〜4 m。遺構が最も集中するエリア。このエリアでは許可やガイドの同行なく実施できる活動は何もないほど（禁止事項の詳細については表4-1を参照）。ニンフェウムのあるプンタ・エピタッフィオやピッソーニのヴィッラなどのポイントが含まれる。

　ゾーン B：一般保護区（riserva generale）：中間の制限がかかるエリア。遺構は集中するが、水深が0〜12 mとやや深い。ポルタ

表 4-1　バイア水中公園各ゾーンの禁止事項

	ゾーン A 完全保護区域	ゾーン B 一般保護区域	ゾーン C 部分保護区域
考古遺物や地学的特徴のあるものを持ち去ること	禁止	禁止	禁止
漁や採集行為、動植物に危害を加えること	禁止	禁止	禁止
海水の地球物理学的、生化学的な特徴に変化を与えうる行為、固形及び液体廃棄物の排出	禁止	禁止	禁止
武器、爆発物、毒や汚染物質の持ち込み	禁止	禁止	禁止
遊泳	禁止	自由	自由
ダイビング（スキューバ器材有り・無し両方）	条件付き許可	自由	自由
手漕ぎ（足漕ぎ）ボートの通行	禁止	自由	自由
ボート、大型船及びその他の乗り物の通行	禁止	条件付き許可 （5 ノット以下）	条件付き許可 （5 ノット以下）
アンカリング（船の錨を下ろすこと）	禁止	禁止	条件付き許可
船を係留、停泊させること	禁止	禁止	条件付き許可 （特定の設備のある区域のみ）
水中で魚を獲る行為	禁止	禁止	禁止
釣り針と釣竿を用いての釣り（公園の範囲内の居住者限定）	条件付き許可 （岸からの釣りのみ）	条件付き許可 （岸からの釣りのみ）	条件付き許可
専業従事者による釣竿を用いての釣り（公園に登録された漁協と居住者限定）	条件付き許可	条件付き許可	条件付き許可
海軍艇の巡航	条件付き許可 （最大喫水2.5 m 以下）	条件付き許可	条件付き許可

　ス・ユリウスなど港の遺構を見学できるポイントが含まれる。2015年時点でも新しい場所での発掘が続けられ、その成果に基づき 2016年までに法律が改訂される予定。現在は 50 分間のダイビングが可能であるが、短縮される予定。

　ゾーンＣ：部分保護区（riserva parziale）：制限が緩やかなエリア。遺構はあるが、密度がＡやＢほどでない。水深は0〜12 m。このエリアの橋が、港と海の境界になる。

　遺跡の調査研究は現在進行形で、それと併行して遺跡の公開も行われている。考古学調査は、考古局がナポリ大学と連携して実施している。新しく調査がされ、環境・条件が整った場所については、新たなダイビングポイントとして地元の登録ダイビングセンターに提示され、一般ダイバーが見学のためにガイドと訪れることができるポイントに加えられる。2015年9月時点では7カ所がポイントとして公開されており、2015年末には9カ所になる。これは既にダイビングポイントとなっている箇所の遺跡での混雑を避けるためでもある。見学者が増加した際の混雑を解消するために、調査を進めポイントを増やす努力をしており、2012年頃から特に力を入れている。

バイアの海底遺跡見学のシステム

　水中にある遺跡の見学手段は4つ、スキューバダイビング、シュノーケル、カヤック、それに週末のみチーバ（Cyba）と呼ばれる船底がガラス張りで海底を覗くことができる船、いわゆるグラスボートが航行する。スキューバダイビングについては、バイア事務所がガイドのためのトレーニングコースを開講している。バイア海底遺跡を含む国立海洋公園を案内することができるダイビングセンターは、バイア事務所のリストに登録され管理されている。リストは毎年更新される。ダイビングセンターの登録料は毎年50ユーロで、さらに決められた割合で1ダイブごとに税金としてコミッショ

ンをバイア事務所に支払う。リストに登録されるには、喫水の浅い
船を所有していること、ガイドはバイア事務所が行っているトレー
ニングコースを修了していること、などの諸条件があり、それらを
すべて満たしていなければならない。そして、遺跡と自然を保護す
る観点から、登録されていないダイビングセンターでは、バイアの
公園の海域ではいっさいダイビングすることができない。

　バイア事務所が実施しているガイドのトレーニングコースは本格
的なものである。週に1回の授業を2ヶ月間（8回）受講すること
が義務づけられ、受講料は200ユーロ（2015年9月時点）である。
コースは以下の3つの科目からなり、室内での学科と海中での実習
との両方が含まれる。

　(1) 考古学：この地域の考古学的重要性について学ぶ。
　(2) 自然環境：この地域の重要な魚や動物、植生について学ぶ。
　(3) 法律：バイア公園内のルール、ゾーニングとそれぞれのゾー
　　　ンでの決まりなどについて学ぶ。

　トレーニングコースを修了して公式ガイドとなったダイバーは、
バイア事務所が管理するリストに登録される。先述のダイビングセ
ンターのリストと、ガイド個人の（フリーのガイドを含む）リスト
の2つのリストをバイア事務所が管理する。登録されているダイビ
ングセンターにガイドが居なかったり、足りなかったりした場合
は、事務所から登録ガイドのリストをショップに提供し、紹介する
こともできる。現在（2015年調査時点）バイア事務所のリストに
登録されているダイビングサービスは12件で、チーバの店が1件、
登録ガイドは70人である。これらの店やガイドのみがバイアとガ
イオーラ（Gaiola）の2カ所の水中遺跡公園を案内することを許さ

図4-22 海上の様子のモニター（事務所内で確認できる）

れている。バイアの町にも、事務所に登録されていないダイビングセンターはあるが、これらの店舗では、たとえバイアの港に店を構えていても、遺跡公園内でダイビングはできず、バイアから出港して、イスキア島など他の海域にダイビングに行くことになる。

　海上の様子については、事務所からモニターで監督をしているが、違法行為については、沿岸警備が取り締まる。その他にも定期的なモニタリングを実施している。大学等に属する専門家に調査を依頼し、遺跡については月に1回、環境は年に1回モニタリング調査を実施する。ただ、最も重要なモニタリングは、訓練されたガイドからの報告である。毎日たくさんのガイドが潜水し、現地を訪れている。ガイドは、遺跡の保護に必要な事項や、遺跡見学の細かなルールについても、トレーニングコースで学び、身につけている。例えば、見学時以外は覆いをかけられていなければならないはずのモザイク床が露出しているなど、遺跡の状況に変化があると、事務所に報告される。

　シチリアの事例との比較　シチリアではバイアのようなトレーニングコースは作っていなかった。局と契約を結んだ認定ダイビングサービスに、それぞれの遺跡の状況に合わせて、局が個別に指導や

情報提供をする。バイアのようにダイビングサービスへの料金チャージなども発生しない。代わりに、ダイビングサービスは、遺跡のメンテナンスなどの際に無償で労力を提供する。シチリアでは、見学できる各々の遺跡が島中に散らばっており、遺跡や島によって状況もさまざまに異なるため、局と各認定ダイビングサービスとの1対1の個別の関係性に基づいた対応をしている。一方、バイアでは、システム化されたトレーニングコースを有料で提供し、修了したダイビングサービスを登録し、遺跡の見学を一括して管理しており、シチリアとは大きく異なったシステムとなっている。

バイアの海底遺跡を見学するには

　実際のバイア遺跡の見学について、見学希望者は、バイア事務所に登録されている各ダイビングセンターに予約の連絡を入れることから始まる。ゲストの予約を受けたダイビングセンターは、遺跡のポイントへのダイビング予約をバイア事務所に連絡し、事務所がダイビングスケジュールを管理する。遺跡全体で1日最大（ガイドを除いて）のべ40人のダイビングまで、1つのポイントに同時に2隻以上の船は入れない、というのが基本の制限だが、遠方からの団体申し込みがあった場合などは例外的に1日のべ40人の基準を越えることを認めることもあり、比較的柔軟な対応をしている。ただその場合はスケジュールに示している各時間帯・各ポイントの警戒レベルをあげて周知し、監督を強化する。予約はたいてい1〜2週間前、キャンセルは1時間前までの連絡が義務づけられ、スケジュールに基づき、各ポイントの時間帯ごとの警戒レベルをバイア事務所が管理している。

118

図4-23　予約スケジュール管理のパソコン画面

各々の船は、ひとつのポイントに1時間まで滞在可能で、実際に見学者がガイドと水中で遺跡を見学する時間は50分程度となる。また、ダイビング中に船が勝手に移動してしまったりしないように、必ず1名は船の監督のため船上に残ることが義務づけられている。実際の見学者の案内にあたっては、スキューバダイビングでは、ゲスト4人あたりに1人のガイドが必要で、シュノーケリングはゲスト6人あたりにガイド1人と決められている。これらの数は、法律で定められており、遺構保護のためのみではなく、主に生物学者が検討をした環境保護に関わる要因にもより、数が制限されている。法は、遺跡の現状に合わせて毎年更新されている。違法行為には、逮捕や罰金が科されることもあり、法の遵守について、遺跡現地では沿岸警備が監督をする。

　見学者が支払うダイビング代には、ダイビングセンターが国（バイア事務所）に納める税金も含まれている。予約について見学者は、事務所ではなく、直接個々のダイビングセンターに申し込む。バイア事務所に問い合わせが来た場合は、登録センターのリストを提供する。4〜10月の夏とクリスマス休暇は、毎日予約に空きがない状態になるという。その他、新年ダイビングや結婚式ダイビングなどにも対応している。

　バイア湾内は流れもなく危険性は低いため、ライセンスを取得していれば、初心者でもダイビングできる。これは大きなアドバンテージである。先に紹介したレヴァンゾ島のカラ・ミノラ沈没船遺跡は、激流という厳しい海のなかにある上級者向けのポイントであり、誰もが潜ることができるわけではない。保養地であったバイアはダイバーならば誰でも訪れることができる穏やかな海に包まれている。遺跡には、以前は初心者の安全のためのガイドロープを設置していたが、見た目が美しくなかったため今は取り払ったと聞いたが、特に問題は起きていないという。この見た目の美しさにも気を配るところは、さすがイタリアといったところで、目から鱗であった。

　バイア事務所では、このほかに普及、広報活動も展開している。イベントや普及活動の効果によりたくさんの人が訪れれば、ダイビングセンターへの経済効果も期待できる。例えば2015年は9月までに900人の子どもがバイア遺跡での現地学習に参加した。将来的な保存と活用を担う次世代の教育は欠かせない。

バイアのあゆみ

　イタリアでは、国立の水中公園はカンパニア州に7件（＋1件、2015年時点調整中）ある。そのすべてが、バイアで考案されたA〜Cのゾーニングシステムに基づいた保護制度をとっていることからも、バイアでの運営形態が適切であると認められていることがわかる。しかしながら、7つのうち、遺跡を伴うものはバイア（およびガイオーラ）だけで、他は自然公園である。ここが国内でも他と比べて特殊な地域であることがわかる。

　バイア事務所が設立されて最初の5年はさまざまなトラブルもあったが、14年を経て（2015年調査時点）、遺跡の調査、保存、そして公開が相互に効果的に働き、うまく運営されているという。現地に事務所をおき、職員が常駐することで地元の人々との距離も近くなり、コミュニケーションを重ねることで、信頼関係も築かれてきた。公園内での規則は法的強制力があり、地元の人々の生活や産業にも直接影響を及ぼすため、変更事項がある場合は、必ず事前によく話し合うようにしているそうだ。地元からの要望に対しても、できるだけダメだとはいわず、一緒に対応策を考えるようにする。特に制限をかける場合は、その制限についてバイア事務所側から押し付けられたものではなく、一緒に考えた結果とすることが大切であると考えている。そして、常にモニタリングの結果に基づいて、法律自体を変更していくことをいとわず、状況に合わせて規制や運営方針を更新し続けている。

　国主導のイタリア　イタリアの遺跡保護は、陸上においても国が主導で行っている。このナポリ・カゼルタ地域のように、それぞれの地方行政区画ごとに国直轄の考古学財監督局が置かれる。所管の範囲は遺跡や人口の密度や面積にもよるが、バイアがあるカンパニア州にはポンペイなど重要な遺跡も多く、ナポリのコムーネ担当に1件、バイアを担当するカゼルタ県の一部を含むナポリの大都市圏担当に1件、その他の県の担当に2件、別途独立してポンペイの担当に1件と、他所より多く置かれている。バイア事務所はこのうちの1つであるナポリ・カゼルタ県考古局に属することは先にも述べたとおりである。海中の遺跡についても陸上の遺跡と同様、所管の国の考古局が管理し、権限を有する。そのため、バイア水中公園に

ついても、事細かに決められている規則や運営は、すべて国の管理
下にあり、日々の見学予約やモニタリングをはじめあらゆる活動に
干渉している。

　地方自治体主導の日本　このような国主体のシステムは、地方分権
が進んだ日本では難しい。日本の文化財行政は、多くの権限が地方
自治体に委譲されており、全国で 5000 人を超える専門職員が地方
自治体に配備されているという世界でも稀なシステムを構築してい
る。陸上の史跡公園等も、土地を公有化した場合も、国の補助金を
受けた市町村が購入することが多く、土地の所有および直接の運営
管理は基礎自治体であることが通例である。この現状のもと、水中
文化遺産の保存活用における管理・運営についても、陸上の場合同
様に、日本においては地方自治体が占める役割が大きくなるであろ
うことはいうまでもない。積極的にいえば、日本においては今後、
地方自治体がそれぞれの独自性をもって水中文化遺産の保存活用を
担うことができるという未来が開けている。

註

　（ 1 ）東をポジッリポ丘（Collina di Posillipo）、西をクーマエ海岸（Coste
　　　di Cuma）、北をクアルト（Quarto）、南をポッツオーリ湾（Golfo di
　　　Pozzuoli）に囲まれたエリアをいう。

　（ 2 ）現在もローマ市街地の中心部に残る古代ローマの建造物。アウグス
　　　トゥスの腹心アグリッパが建てたといわれる。

　（ 3 ）40°49′18.4″ N, 014°04′38.6″ E

　（ 4 ）ホメロスの『オデュッセイア』に登場する 1 つ目の人喰い巨人。
　　　『オデュッセイア』にはオデュッセウスがトロイア戦争からの帰路、
　　　ポリュペモスが住む洞窟に閉じこめられ、退治して逃げるために、ワ

インを飲ませて酔わせるシーンがある。

（5）この街のバイアという名前はこのバイオスに因むという。

（6）もしくは近年はファウスト・ゼヴィ氏（Fausto Zevi）により、若くして亡くなった別のクラウディウスの娘ともいわれている（Maione 2016）。

（7）ヴィーナスともいう。言わずと知れた美の女神。

（8）ギリシャ神話に登場するヘラクレスが退治したとされる3つの頭をもつ怪物。多くの牛をもっていたといわれる。

（9）「切られた片による作品」という意。主に異なる種類の大理石などの素材を切り抜き、はめ込んで作るモザイク技法。建築の床や壁に用いられた。

（10）ルイーザ・ラポーネ（Luisa Rapone, Direttore Amministrativo Soprintendenza Archeologia Napoli, Ministero dei Beni Culturali）。その他のバイア事務所常駐専門職員は、フィロメナ・ルッチ（Filomena Lucci, Architetto-Restauratore-Sub., Responsabile Centro Visite AMP Baia（ass. Fillirea））、マリア・ヴェテレッラ（Maria Vetrella, Laureano la Conservazione Beni Culturali（ass. Fillirea））、モニカ・ダニエロ（Monica D'aniello, Laureano la Archeologia（SUB）（ass. Fillirea））の3名。この方々から、バイア海底遺跡公園の運営について、詳細の聞きとり調査に多大な協力を得た。また、ダニエレ・ペトレッラ氏（International Research Institute for Archaeology and Ethnology）が通訳および、ダイビング時の船の監督を務めてくれた。

第5章　ローマ帝国時代の沈没船

　本章では、ローマ帝国がその版図を最大としつつ帝国の維持に向けて努力していた時代の海上交通と流通を物語る沈没船遺跡2件を紹介する。

　地中海の覇者となりさらに拡大を続けたローマは、トラヤヌス帝の時代にその版図が最大となった。続くハドリアヌス帝（117〜138年在位）はギリシャ愛好家としても知られ、アテネをはじめ属州アカイアの復興に努めた。しかし、栄華を極めローマによる平和を謳歌していたローマ帝国にも、再び混乱の時代が訪れる。3世紀に入ると軍人皇帝時代と呼ばれる内乱の時代が始まった。拡大を極めた帝国はまとまりを失い崩れはじめる。経済不振やたび重なる異民族の侵入も手伝って内乱状態に陥り、国力は疲弊していった。内乱の軍人皇帝時代を終わらせたのは、ディオクレティアヌス帝（284〜305年在位）である。彼はオクタヴィアヌスが構築したシステムでは帝国を維持することができないと判断し、皇帝の権力をオリエント的な専制支配であるドミナートゥス（専制君主制）へと政体を変化させた。もはやローマは首都ではなくなり、元老院はその力を完全に失ったといってよいだろう。ディオクレティアヌス帝とそれに続くコンスタンティヌス1世（306〜337年在位）のもとで、ローマ帝国は大きく形を変え、後期ローマ帝国と呼ばれる時代に入る。

本章で紹介する 2 件の遺跡はそのような頃の沈没船である。

第 1 節　神殿柱の船

ローマ帝国時代までのシチリア

　シチリア島は地中海の中央に浮かぶ大きな島で、海上交通の要所である。セリヌンテやアグリジェントのように古代ギリシャの遺跡が残ることで有名な場所だけでなく、カターニャやシラクーザなど現在も主要な都市として知られる街も、ギリシャ人の植民地としての来歴をもつ。紀元前 8〜7 世紀には、アテネやコリントスなどのポリスから多くの植民者がシチリア島に渡り植民地を築いた。なかでもコリントス人がつくったシラクーザ(1)は地中海のギリシャの植民地のなかで最も繁栄していた、とまでいわれたほどであった。科学者・数学者としても名高いアルキメデスもシラクーザの人である。その後シチリアのギリシャ文明は紀元前 5 世紀後半にいったん下火になる。

　紀元前 3 世紀頃からローマが勢力をのばし、シチリアはたびたびローマとフェニキア人の植民都市カルタゴとの戦いであるポエニ戦争の舞台となる。シチリア島の西に位置するファビニャーナ島、レヴァンゾ島、マレッティモ島などからなるエガディ諸島が舞台となったエガディ海戦（紀元前 241 年 3 月 10 日）はその代表的な例である。紀元前 241 年、カルタゴの艦隊がローマの艦隊に敗れ第一次ポエニ戦争が終わった。激戦を制したローマはカルタゴからシチリア島を割譲され、支配下に収める。以来、ローマは地中海の覇権争いのなかで、要所であるこの島を絶対にカルタゴには譲らなかっ

図5-1　コンコルディア神殿（アグリジェント）

図5-2　ヨーロッパ最大のギリシャ劇場（シラクーザ）

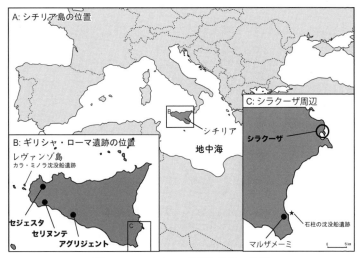

図 5-3　シチリアの地図と遺跡の位置

た。シチリアの豊かな農産物と富はたいへん魅力的であった。

　帝政ローマに平和が訪れるとともに、長らく内戦や戦乱の舞台となり続けていたシチリアにも平和が訪れた。後にアウグストゥスにより元老院属州に列せられ、ローマ法が適用されるようになった。さらに紀元212年にはカラカラ帝（211～217年在位）により発布されたアントニヌス勅令により、島民はローマ市民権を与えられ、続いてキリスト教が布教されるようになり、島に大きな変化が訪れた。

マルザメーミ沖の石柱の沈没船（2017年9月調査）

　本章でとりあげるマルザメーミの沖に沈む石柱の沈没船は、そのようなローマ帝国時代、紀元3世紀頃の遺跡である。マルザメーミ

はシチリア島南東部のシラクーザ県に位置する小さな漁村である。その沖、沿岸から 700 m ほど沖に大理石の柱群が沈む。

植民都市シラクーザ　近隣の大都市、シラクーザの街は地中海に数多く置かれた古代ギリシャ時代の植民地の 1 つであり、とりわけ栄えたことで知られる。現在も古代ギリシャ最大といわれる劇場跡など、当時の繁栄をしのばせる遺跡群が市街地の郊外に残る。この植民地出身の有名な学者にアルキメデスがおり、その墓所であるといわれる場所もある。

シラクーザの岬の先端、小さな島となっているオルティージャ島を中心とする旧市街は、数多くの遺跡や歴史的建造物が散在し、バロック様式の瀟洒なファサードの建物が並ぶ美しい街並みである。とりわけ大聖堂は、市庁舎をはじめ多くの美しいバロック建築が並ぶドゥオーモ（Duomo、大聖堂）広場においても、他に類を見ない個性的な美しさを放つ。大聖堂は、一見すると 18 世紀に造られたファサードにより、華やかなバロック様式かと見紛う。しかし、建物の側面や内部に目をやると、単純にバロック建造物のみからなるものではないことがわかる。この大聖堂は、紀元前 5 世紀にギリシャ人により建設されたアテナ神殿の柱を転用し、7 世紀に建設されており、側面や回廊には古代ギリシャの柱が並ぶ様子が見える。その後、大聖堂はシラクーザの覇権の変遷とともに数奇な運命をたどる。9 世紀後半から 200 年にわたるイスラムの支配下ではモスクとなり、11 世紀後半にノルマン人によってキリスト教徒のもとへ奪還されたのち、再び大聖堂として復興された歴史をもつ。

マルザメーミのダイビングセンター　シラクーザから車で 1 時間ほど南へ走ったところにマルザメーミがある。シチリア島は 3 つの岬か

図 5-4　シラクーザの大聖堂（上：大聖堂外観、ファサードはバロック様式。
下：大聖堂内部。アテナ神殿時から残る柱が見える）

らなる三角形を呈し、シチリアのシ
ンボルであるメドゥーサと3本の足
からなるトリナクリアはその3つの
岬をさす。西のトラーパニ、イタリ
ア半島に最も近い北東のメッシー
ナ、そしてシラクーザの南東の岬
カーポ・ディ・パッセロが、マルザ
メーミのすぐ南にあたる。古くか
ら、ギリシャから西へ抜ける地中海

図5-5　トリナクリア

の交通路として船の往来が盛んであったことは想像に難くない。筆
者らは第3章で触れたシチリアの海事文化遺産監督局（以下「局」
という）に紹介され、このマルザメーミ沖に沈む石柱の沈没船遺跡
について、局と契約を結ぶ認定ダイビングサービス（以下「認定
DS」という）であるナウティルス（Nautilus）ダイビングセン
ターに連絡をとり、この遺跡の現状とその活用実績についての調査
を行った。

　ダイビングショップはマルザメーミの港にある。今回の私たちは
完全にレジャーダイバーとしての参加である。ギリシャやバイア海
底遺跡では、学者として現地の専門家と連絡をとり、丁寧な案内の
もとで調査をさせていただいたが、実は、これでは実際の活用状況
である生の現場を知ることはできない。私たちは実際に水中文化遺
産を観光資源として実践しているダイビングショップの生の声も聞
きたいと思っていた。

　私たちのほかにも数名のダイバーがこのツアーを申し込んでい
た。まずはブリーフィング。インストラクターから遺跡の状況や注

図5-6　ダイビングサービスでブリーフィング

意事項等を聞く。

　遺跡の状況　マルザメーミの港から小さなボートに乗って10分ほどでポイントまでたどり着く。遺跡は水深約8mと浅く、岩場の海底にポシドニアが生息する環境である。初心者でも比較的容易に

ダイビングすることが可能な場所である。タンクを背負ってのスキューバダイビングでなくとも、シュノーケルで水面を泳ぎながら見学することもできる。海底には巨大な大理石の柱が何本も密集している。流れもほとんど感じず、透きとおるような濃く青い海に、空からの光が突き抜けて海底面が輝いている。直径1mを超える太い大理石の柱は、完全に仕上げられたものではないが、ソルキ（solchi、英語ではフルート（flute））と呼ばれる縦溝が彫られているなど、ある程度加工された状態である。スティロパス（stilopas）といわれる柱の土台になる四角いブロック状の大理石も沈んでいる。これらは船の積荷として運ばれていたと考えられているが、レヴァンゾ島のカラ・ミノラ沈没船遺跡のように、木造である船体部位などはまったく残されてはいない。ここから出土したアンフォラは、地中海の東部に由来するもので、紀元後3世紀頃のローマ帝国時代のものである。大理石は白色に青みがかった石目が見え、現在

図 5-7
巨大な神殿の柱が
沈む遺跡の海中風
景

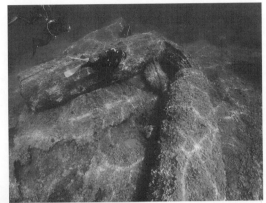

図 5-8
大理石の柱とブロック
（スティロパス）

　のトルコにあたるマルマラ（Marmara）島で見られる典型的な大
理石とされる。柱やブロックの大きさはさまざまあるが、最も大き
い柱は、長さ 6.4 m、直径約 1.85 m を測る。ただでさえものが大き
く見える海のなかで、その大理石の柱は圧倒的な大きさに感じら
れ、海底に横たわっていることに激しい違和感を覚える。

　この遺跡は、建築材を輸送中に沈んだ沈没船遺跡である。そし
て、建築材はある程度加工をされて船に積載され、最終の調整は現

地でされる予定であったことが大理石の柱の状態からわかる。また、マルマラ島のような地中海の東側で産出する素材が、このシチリア東部まで、もしくはここよりさらに西に運ばれ、流通していたことがわかる。神殿など大型建物に利用される予定だったのかもしれない。陸上の神殿遺跡などで見られる完成された柱の状態と、この沈没船遺跡の柱の状態を充分観察すれば、どの程度産出地で加工されて運ばれてきたのか、最後に消費地での加工はどの程度行われたのかなどがわかって、より面白いだろう。

遺跡の活用状況と課題

　潜水後、このナウティルスダイビングセンターで、水中文化遺産見学の現況について詳しく話を聞いた。当該遺跡において、スキューバダイビングによる見学者はさほど多くないが、シュノーケリングによる見学者は多いとのこと。冬期（毎年天候や海況により差があるが、だいたい11月〜4月頃）はシーズンオフとなり、遺跡見学はできない状態になるが、夏期のシーズン中は週の半分以上はシュノーケリングによる見学希望者がいるという。多いときで年間100〜150名程度の見学者がいる。この沈没船遺跡では、同じローマ時代でも、海に沈んだ都市であるバイア海底遺跡とはまた違った楽しみ方が可能である。資格とそれなりのスキルが必要なスキューバダイビングができなくても、気軽にできるシュノーケリングで沈没船遺跡の見学ができる利点も大きい。約半数がマリンスポーツの素人でも参加が可能なシュノーケリングでの見学者ということは、水中文化遺産見学に素人を引き込むことによって見学者が倍になる可能性をもつということだ。より多くの見学者を引き込む

には、誰でも気軽に水中文化遺産の見学ができる工夫をすればよ
い。バイア海底遺跡のようにグラスボートや透明なシーカヤックも
使えるし、船上から水中ロボットを操って見学する方法も面白いだ
ろう。マルザメーミの沈没船遺跡もいまださまざまな活用方法の可
能性に満ちている。

　しかしながら、課題もある。本来は、局と契約関係にある認定 DS
のナウティルスダイビングセンターのみが、遺跡のガイドを許され
ているはずだが、近隣のほかのダイビングサービスがゲストを連れ
て遺跡に立ち寄ることもあるという。それでは局との約束が違うの
で、彼らは快く思っていない。局に報告はするものの、それを強制
的にやめさせるには至ってはいないという。今のところ、保存状態
の急激な悪化や見学者による破壊行為など、遺跡に大きな問題は起
きていないものの、この状態がいつまで続くのかはわからない。ま
た、ダイビングサービス側は、遺跡についてもっと詳しく知りたい
という。水中文化遺産のダイビングに意欲のあるダイビングサービ
スに対してどう応えるか、どうやって調査成果とその魅力を地元ダ
イビングサービスに適切に伝え学習してもらうか、ルールが守られ
ないときにどう対処するのか、など課題も見えた。

第2節　死者のための船

ローマ帝国時代のギリシャ

　アレクサンドロス大王はギリシャ北部からエジプト、オリエント
に至る地中海東部も包括する一大帝国を築き上げた。そのマケドニ
ア王国が崩壊し、地中海の覇権がマケドニアからローマへ移ってか

らは、ギリシャはローマの支配下に入る。アレクサンドロス大王の死とともにマケドニア王国は分裂し、後継者（ディアドコイ）争いが続き、それがギリシャを疲弊させていく。分裂したなかでもセレウコスによるシリア、プトレマイオスによるエジプト、そしてアンティゴノスによるマケドニア王国は強国であった。一般的にギリシャ文化とオリエント文化の融合をもたらしたヘレニズム期といわれるアレクサンドロス大王の治世からプトレマイオス朝エジプトがローマに敗れるまでの時代においても、ギリシャで都市国家（ポリス）は存続し続けたが、各ポリスが単体で独立した民主政を維持することは難しく、紀元前3世紀頃には、同盟などで複数のポリス間の結びつきを強化し、従来のポリスの枠を超えた広域の政治組織が形成されるようになった。しかし、これらギリシャの諸ポリスも、有力なヘレニズム諸王国も、お互い連携と争いを繰り返しながら衰退していくことは止められなかった。

　そこに、紀元前3世紀の後半頃から、イタリア半島の統一を完了し、第一次ポエニ戦争でカルタゴを制して勢いに乗ったローマがギリシャ世界に登場する。マケドニアは積極的に勢力拡大を進めギリシャの覇権を握るようになっていたものの、2度にわたりローマと戦ったマケドニア戦争に敗れ、ギリシャに関与する口実をローマに与えることとなった。紀元前168年にピュドナ（Pydna）の戦いで[3]マケドニアがローマに惨敗し、4つの共和国に解体されローマの保護下におかれた。その後のギリシャはローマの支配のもとマケドニア属州となる。

　その後、前章で触れたとおり紀元前38年オクタヴィアヌスのもとローマがアクティウム（Actium）の海戦にてプトレマイオス朝

エジプトを破り、ここにローマはギリシャ、エジプトまでの地中海東部をほぼ支配下に収め、地中海の覇者となった。オクタヴィアヌスはギリシャにもアカエア属州を設置する。その後、帝国となって以降も、ローマのなかでギリシャ文化は好まれ、ギリシャ人はたとえ奴隷であっても知識人や家庭教師として広く登用された。ギリシャとローマの間で人とものの交流は絶えず、そのような状況で、ペロポネソス半島とローマの本拠地があるイタリア半島の間に、海を媒介とした盛んな船の往来があったことは想像に難くない。

サピエンツァ島の石棺の沈没船（2017年6月調査）

　ギリシャのペロポネソス半島西側、メソーニの対岸にあるサピエンツァ島付近の海底には「石棺の沈没船（the Shipwreck of Sarcophagi）」と呼ばれる沈没船遺跡がある（図2-4参照）。サピエンツァ島の北側に第6章で紹介する「石柱の沈没船（the Shipwreck of Columns）」とともに2カ所の沈没船遺跡があり、ともに2017年6月に調査を実施した。

　遺跡の状況　石柱の沈没船はスピーザ岬（Cape Spitha）から10 mほど離れたところから約30 m²にわたって広がり、石棺の沈没船は、そのやや南、水深15 m程度の海底にある（Simosi 2017）。

　海底に密集しているのは、石の棺（ひつぎ）である。刳抜式の石棺で、蓋と身の両方が多数見られ、1点を除きすべて完形である。この1点は、船が沈んだときの衝撃で破損したものと考えられている。石棺はいずれも長さ約2.2 m×幅約0.8 mの身の側面が花や雄牛の頭（ブクラニオン）をモチーフにしたシンプルなレリーフで装飾された、ローマ時代後期（紀元3世紀）頃のものである。蓋は、

図 5-9
ダイビングに向かう船
上でのブリーフィング

中央に稜線をもち、四隅が突起上に削り出されたデザインが施される。屋根のような形状をし、まさに家形石棺といえる。石材はチタナイト（titanite）とも呼ばれるチタン鉱石を含む安山岩であると推定されているが、詳細について現在調査中である。石棺はすべて、装飾を含めある程度加工されているが、ディテールは完成されないままの状態で沈んでいる。この、「ある程度まで産出地で加工された状態」で運搬される状況は、マルザメーミの石柱の沈没船遺跡と同じである。

　ギリシャの海はとても冷たいにもかかわらず、案内をしてくれた考古局のシモージ氏はなんとスーツを着けず、またスキューバの器材もいっさい身につけず、ガイドがもつ補助レギュレーターのみを咥えて海底に現れた。私たちにはおそらく無理だろう。シモージ氏はまさにスーパーダイバーであった。

　死者のための船　この遺跡は、死者を葬る石棺を運搬していた沈没船遺跡である。これまで、海に沈んだ都市や神殿の柱を運搬する沈没船は目にしてきたが、一般的には墓でしか見ることのない石棺

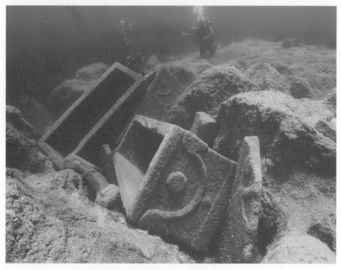

図5-10 海底に沈む石棺の様子（周辺にポシドニアが茂る）

図 5-11
石棺の沈没船遺跡周
辺の海上風景（この
岸と船との間に遺跡が
沈む）

図 5-12
潜水するシモージ氏
（右）とクヴェラス氏
（左）（この時、シモージ
氏はスーツやスキューバ
の器材を一切身につけず
海底に現れた）

が海底に密集する遺跡は
初めてだった。この遺跡
を研究することによっ
て、1回の航海でいった
いどれほどの石棺が輸送
されるのかを知ることが
可能となる。これは、す
でに石棺が使われてし
まっている消費地の遺跡
をどんなに研究しても知
ることができない情報で

図5-13 装飾が完成された石棺の一例
（ロードス考古博物館展示）

あり、沈没船遺跡研究の醍醐味でもある。

未成品がもつ意味　また、未成品の状態が海底から見つかったこ
とには大きな意義がある。それは、どの段階で生産地から運び出さ
れたのかを証明することになる。この沈没船遺跡の発見以前から、
石棺は完成するやや手前の状態で運ばれ、最終段階の細かい調整や
装飾、碑文や碑銘は消費地で施されたと考えられていたが、それを
証明する確固たる証拠がなかった。ところが、この沈没船の発見に
によりその確証を得ることができた。同じように、石棺を積んだ沈没
船は、シロス島近海や、アンドロス島とティノス島の間の海域でも
見つかっている。

遺跡の管理

　海底は基本的に砂地で、ところどころに摩耗して角が丸くなった
岩がころがり、地中海域に特有の海藻であるポシドニアが生息す

る。そしてシチリアやマルタの海域同様に、イオニア海のこの海域でも魚や貝類の生物は日本や沖縄と比べて極めて少なく、どこまでも青く透きとおった海だ。石柱や石棺に付着物もほとんどない。海に沈めたレプリカの彫刻がすぐに付着物に覆われてしまったバイア海底遺跡とは海の性質が違う。ただし、古い写真を見れば石棺に付着物があったり、ポシドニアに覆われたりしているものもあるので、一定程度、付着物を取り除くメンテナンス作業を実施しているからなのかもしれない。日本の海域でもバイア海底遺跡と同じようにすぐに付着物で覆われるに違いない。絶え間ないメンテナンスを続けるのか、付着物に覆われた状態も自然と人工物の融合として保存していくのか、やり方はさまざまだろう。遺跡の視認性の高さは、付着物だけでなく、珊瑚礁が生息する環境かどうかにも関係してくる。珊瑚礁が発達しておらず、遺物が珊瑚に巻き込まれてしまうことがなければ、たとえ遥かギリシャ、ローマ時代の沈没船遺跡であっても、このように海底に露出した状態で見学することができる。石柱および石棺の集積の中心部にかかるポシドニアについては、定期的に除草作業を実施しているそうだ。メンテナンス作業は、イタリアの協力により水中文化遺産局が実施している。2017年からは、水中文化遺産の現地保存に関するワークショップも共同で開催を始めた。

　ギリシャの水中文化遺産保護の仕組みについては続く第6章で詳細を紹介するが、この海域は、ギリシャの水中文化遺産保護行政を一手に担うギリシャ水中考古学局（Ephorate of Underwater Archaeology）が中心となり、第4章で紹介したイタリアで常時公開される海底遺跡公園として有名なバイア（野上・ペトレッラ 2007）

のように海底遺跡ミュージアムの設置をめざす海域である。ス
キューバダイビング産業が先述のイタリア半島やシチリア海域ほど
発達しておらず、海底に沈む文化遺産の保護について今後取り組ん
でいくべき課題は多くあるが、遺跡も、その調査研究の蓄積も多く
あり、今後の進展への期待が大きい。

　マルザメーミの石柱の沈没船遺跡もサピエンツァ島の石棺の沈没
船遺跡も、どちらも加工されているが未完成の製品を運ぶ途中で船
が沈んでしまったことによって形成された。運ばれる途中で沈んだ
ため、どちらの例においてもどこまでが産地で加工され、どこから
消費地で仕上げられるのか、明らかにされた。航海が無事に終わっ
ていれば、この遺跡は形成されておらず、知ることはできなかった
だろう。陸上で未完成の製品が見つかっても、その段階が消費地で
加工されている途中のものなのか、産出地や運搬過程で加工されて
いたのかを知ることは難しい。それは沈没船遺跡でこそわかる情報
なのである。

註

　（1）　当時はギリシャ語で「シュラクサイ」と呼ばれた。
　（2）　水中文化遺産保護に関わる地元ダイビングサービスとの契約につい
　　　て、詳細は第3章を参照。
　（3）　Pydna は現在のテッサロニケとオリンポス山の中間あたりに位置
　　　する。

第6章　海洋都市国家時代の沈没船

第1節　海洋都市国家と地中海

ローマ帝国の衰退とその後

　ディオクレティアヌス帝の治世以降、複数の皇帝や副皇帝による分割統治と再統一が繰り返される。その間、コンスタンティヌス帝によりキリスト教が保護されるようになる。紀元395年、ローマは、テオドシウス帝（379〜395年在位）の没後、その2人の息子により、コスタンティノープル（現在のイスタンブール）を首都とする東ローマ帝国（ビザンツ帝国）と、ローマを首都とする西ローマ帝国に2分して統治されるようになった。そしてローマは再び統一されることはなく、衰退への道をたどることになる。

　変化が訪れるのは6世紀頃のことになる。ササン朝ペルシャをはじめイスラム勢力が地中海を西へ、北へ、進出してくるのに悩まされるようになる。その争いのなかでビザンツ帝国は衰退していく。

　時代は、中世封建主義社会へ移行し、地中海は次章で述べる海洋都市国家とイスラムが勢力を分かつ時代へと突入していく。

海洋都市国家の盛衰

　地中海には、陸よりも海に向けて発展した「海洋都市国家」と呼

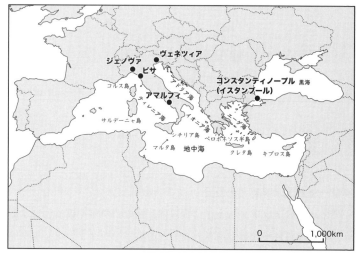

図6-1　地中海の地図

ばれる国が存在した。海洋都市国家が地中海の覇権を握ったのは中
世のことである。地中海の覇権を握った、というのは正しい表現で
はないかもしれない。7世紀以降のイスラム世界の拡大を経て、地
中海は大きく3つの勢力に支配される構図となる。東ローマ帝国の
流れを汲むビザンツ帝国がギリシャと小アジアを、北アフリカから
広がったイスラム勢力が東地中海を、そして北アフリカからイベリ
ア半島までを、西ローマ帝国解体後のヨーロッパの都市国家が占め
るのである。東ローマ帝国と比べて早々と西ローマ帝国が滅亡し、
中世の封建社会へ突入した西ヨーロッパでは、強大な力をもつ領土
的国家がなく、そのなかで頭角を現したのが海洋都市国家である。

　4大海洋都市国家アマルフィ、ピサ、ジェノヴァ、ヴェネツィア
の紋章は、現在のイタリア海軍の紋章にも組み込まれている。

アマルフィ　地中海で最も早く登場し、栄えたのは南イタリアの
アマルフィ共和国である。その歴史は 9 世紀に遡る。アマルフィで
は 5〜6 世紀頃、東ゴート人の侵入を避けるため、背後に急峻な崖
を抱く海に面した場所に都市と港がつくられた。山を越えての往来
は難しく、他都市との交流や交易にはもっぱら目の前に開ける海で
の海上交通が多用された。839 年にナポリ公国から独立して以来
1073 年のノルマン人による征服まで、ビザンツ帝国の緩やかな宗
主権のもと、ビザンツ帝国と北アフリカとの間で活発な交易を展開
して繁栄した。

ピサ　続いてピサが、十字軍遠征の物資輸送を担って東地中海に
進出し、十字軍国家での商業特権を得て発展する。ピサは 4 大海洋
都市国家のなかで唯一海には面していないが、アルノ川を通じて
ティレニア海へ至り、地中海へとつながっていた。西ローマ帝国の
滅亡後、ランゴバルド王国、そしてフランク王国の支配下にあった
ピサは、1070 年頃、独立した自治都市となった。9 世紀頃からジェ
ノヴァとともに北アフリカのイスラム勢力と戦いながらサルデー
ニャ島の大部分を領有した。サルデーニャ島は、ティレニア海の大
きな島で、現在はイタリア領となっている。1130 年代には、それ
までコンスタンティノープルの商業特権のために協力関係にあった
アマルフィに反旗を翻し、二度にわたる戦いを制してティレニア海
の制海権をアマルフィから奪った。ヴェネツィアとは、12 世紀以
降コンスタンティノープルでの商業特権をめぐり小競り合いを繰り
返す。13 世紀には、西地中海でコルシカ島とサルデーニャ島の支
配権をめぐってジェノヴァと争いを続けたが、ジェノヴァに敗れて
ティレニア海の制海権を、次いで 1325 年にはサルデーニャ島を

図6-2 海から見たアマルフィ（中世から変わらないであろう断崖と海に挟まれた街）

図6-3 アマルフィ大聖堂周辺（大聖堂のファサードには金が多用され当時の繁栄がわかる）

ジェノヴァに明け渡した。しかし、その後もピサは、15 世紀初頭にフィレンツェ共和国に征服されるまで、海ではなく陸地を舞台とする自治都市として繁栄を続けた。

　ジェノヴァ　一方で争いに勝ってティレニア海での制海権を手にしたジェノヴァは、その後長くヴェネツィアと地中海の覇権をめぐり争うことになる。ジェノヴァはティレニア海に面した古くからの港町で、アマルフィほど急峻ではないにしても、同じようにすぐ背後に崖が迫り、陸上交通は困難である。そしてまたアマルフィ同様、目の前に開ける海での交通や交易に特化して繁栄した都市である。6 世紀以降、ビザンツ帝国、フランク王国の支配を経て 1096 年自治都市コムーネとなった。まず西地中海に進出したジェノヴァは、北アフリカやコルシカ島、サルデーニャ島のイスラム勢力と衝突を繰り返しつつ、コルシカ島やシチリア島を経由した北アフリカとの交易で栄えた。西地中海を活動の拠点としていたジェノヴァが東地中海に目を向けるようになったのは、やはり十字軍遠征がきっかけであった。

　ヴェネツィア　そして 11 世紀初頭にヴェネツィアがアドリア海の制海権を手にして歴史の表舞台に登場する。その後、ヴェネツィアは長くジェノヴァと中世地中海世界の覇権を争うことになる。この二者の間には繰り返し戦いが起こり、ヴェネツィアは何度も苦しい情勢にありながらも 1381 年、ついに劇的な勝利を収めることになる。以後、ジェノヴァはヴェネツィアとの対立を避け、東地中海交易の主導権をヴェネツィアに譲った。ジェノヴァは再び西地中海へ戻り、今度は大西洋へと活路を見出すようになった。ヴェネツィアは東地中海で勢力拡大の政策をとる。

ヴェネツィア共和国の繁栄

　どの国家も、形態はそれぞれあれど、地中海からオリエントとの交易で栄えた。なかでもイタリア半島北東部アドリア海沿岸の島、ヴェネツィアに本拠地を構えるヴェネツィア共和国は、その覇者であった時代も長く、「アドリア海の真珠」と謳われた。ヴェネツィアは、アドリア海の奥深い位置のラグーナ（干潟）の島々からなる。今も島に縦横に走る運河をヴァポレット（vaporetto）という水上バスで移動する、水の都である。今でこそ、ヴェネツィア本島は鉄道と自動車道のとおる橋で陸地とつながっているが、19世紀までは船でしか往来できなかった。外海からヴェネツィアへ向かうには、必ず最も外側にあるリド島の北端を周り、ラグーナへ入る。リド島を通過し、船をヴェネツィア本島の方へ向けた時、まず目に入るのが、2つの鐘楼が一対となって、ヴェネツィアへの玄関口のゲートのようにそびえ立つ姿である。1つはヴェネツィア本島のサン・マルコ広場、まさにヴェネツィアの中心にある大鐘楼。もう1つは、ヴェネツィア本島から運河をはさんで南にある、サン・ジョルジョ・マッジョーレ島のサン・ジョルジョ・マッジョーレ教会の鐘楼である。この2つの鐘楼の大きさや位置は、海からヴェネツィアへ向かう者の視点を計算しつくしているかのようである。

　西ローマ帝国滅亡後、異民族に追われ逃げ込んだ地で、自然の要塞となる複雑なラグーナ地形を利用し、5世紀頃から街をつくっていった。7世紀末に最初の元首（Doge ドージェ）が選出され共和国となるが、ビザンツ帝国の庇護のもと発展していく。9世紀以降は、ビザンツ帝国に依存しながらも次第に独立を強め、地中海を舞台とする交易で繁栄していった。一方で斜陽のビザンツ帝国をヴェ

図6-4　海の都市ヴェネツィアの玄関口（遠近法で同じ高さの一対のように見える2つの鐘楼。実際は、左のサン・マッジョーレ聖堂の鐘楼が75 m、右のサン・マルコ広場の大鐘楼が99 m）

ネツィアの後ろ盾とする意味は次第になくなり、第4回十字軍によりビザンツ帝国の内紛に乗じて1203年、ヴェネツィアはコンスタンティノープルに攻め入り、陥落させるに至った。海洋都市国

図6-5　ヴェネツィア統治時代の建物が並ぶクレタ島イラクリオンの街

家だったヴェネツィアは領土的国家としても成長するようになる。

　15世紀半ばまでに、ヴェネツィアはイオニア海からエーゲ海にかけての島々、ペロポネソス半島、さらにクレタ島とキプロス島を

領有し、東地中海交易をほぼ独占し覇権を握るに至った。本章で紹介するサピエンツァ島沖の大理石の柱の沈没船は、この時代の船である。

第2節　石柱の船

前章で紹介した石棺の沈没船遺跡と同じ海域に、この海洋都市国家時代の沈没船遺跡がある。2つの沈没船遺跡は古代と中世という長い時代を経ているにもかかわらず同じ海域に沈没している。船にとって重要な航海ルートは時代を経ても変わらないことを証明しているようだ。この海域は、中世には長くヴェネツィア共和国が覇権を握った海である。遺跡が隣接するサピエンツァ島の対岸にあるメソーニの街も 12 世紀からヴェネツィアが治め、建物や街並みにその名残は今も色濃く残る。ヴェネツィア支配の下で、ヴェネツィアからの交易や聖地エルサレム巡礼の中継地として繁栄した。

石柱の沈没船遺跡

「石柱の沈没船（the shipwreck of column)」といわれるポイントに潜水した。メソーニの対岸にあたるサピエンツァ島の北側、スピーザ岬の端から 10 m ほど離れたところに、約 30 m² にわたって広がる。名前のとおり、水深 10 m あたりの海底に、花崗岩の円柱が数多く沈む遺跡である。遺跡は古くから知られていた。地元の漁師からの報告により、岬の北岸から 50〜60 m 先に沈む「大理石」[1]の柱の存在が 1925 年に記録されている（Throckmorton and Bullitt 1963)。石柱を満載した船が、サピエンツァ島の北側の崖に衝

突して沈没した
と考えられてい
る。エフォレイ
ト（ギリシャ水
中文化遺産局）
は、この遺跡の
詳細にわたる確
認調査を実施
し、記録を作成

図6-6　石柱の沈没船の海上の風景

した。海に沈んでいる柱は全部で16本あることがわかっている。その16本は34点に割れており、船が沈み遺跡となる過程で破損したものと考えられている。そのうち28点は積み重なった状態で特に密集していることから、石柱が船に積まれたまま沈んだことがうかがえ、船の沈没地点はまさにここだと考えられている。残りの6点は周辺に散らばっており、船が海底に引きずり込まれる最中に散らばったものだろう。そのほとんどがいくつかに割れているなかで1本だけ完形のものが残されている。柱は直径すべて90cmで、完形のものの長さは約8mある。すべて表面に装飾のないシンプルなデザインで、1本が一石からなる。この柱は、これまで見てきたサピエンツァ島の柱の沈没船遺跡や石棺の沈没船遺跡のように未完成の製品ではなく、完成されていることから、解体されたか倒壊した建物の一部を再利用しようと運んでいたものと考えられている（Throckmorton and Bullitt 1963）。シチリアのマルザメーミ海底に沈むローマ時代の石柱（第5章で紹介）が直径1mを超えることと比較してやや細身ながら、その数は見る者を圧倒する。柱の合間

図6-7 石柱の沈没船（たくさんの石柱が海底に積み重なってころがっている
様子はたいへんな迫力がある）

には、アンフォラの底部や頸部、取手等、比較的大きな破片などが
点在する。

　この沈没船遺跡は 15 世紀頃のものである可能性が高いという。
これらの石柱は赤みがかった花崗岩から作られている。この石材
は、エジプトとギリシャの特定の地域（東マケドニア・トラキア地
方の一部やミコノス島）でしか産出されないことで知られる。よく
似た様式、石材で作られ、おそらく一連のものであると思われる石
柱が、対岸のメソーニの要塞で使用されている。そのため、この沈
没船はこれが建てられる時に同じように運ばれてきたけれども、沈
んでしまった船である可能性が高い。メソーニの要塞にたてられた
石柱は、ヴェネツィア共和国が要塞を修復したことを記念して、海
軍大将のフランチェスコ・ベンボ（Admiral Francesco Bembo）が
1493〜94 年に建てたとも、それ以前の 1394 年にヴェネツィアとビ
サンツ帝国がオスマン帝国に対して共闘するためにモドン（Mo-
don、メソーニのこと）条約を結んだ際に建てられたとも言われる
（Foutakis 2005）。近年は後者の説が有力なようである。

第 3 節　ギリシャの水中文化遺産保護

　シチリア島の水中文化遺産保護の仕組みについては、第 3 章で詳
しく述べた。ギリシャの水中文化遺産については、第 2 章で沿岸部
近くに位置する沈降集落遺跡と水中文化遺産博物館について触れた
が、ここでは、第 1 節でとりあげたサピエンツァ島周辺海域での事
例について詳細を紹介する。

　古代よりギリシャは文明の中心として栄え、その山がちな険しい

国土に代わり、地中海での交通が発達した。このため、交通の要所であったギリシャ近海のイオニア海やエーゲ海では、おびただしい数の沈没船が沈んでいることも不思議ではない。また沿岸部には、地形や環境の変化により、海底に沈降した港湾遺跡や集落遺跡も存在する。ギリシャでは現在、300 カ所を超える水中文化遺産の存在が知られ、そのすべてが法律により保護の対象とされている。前章および本章でとりあげたサピエンツァ島周辺のこの海域は、ギリシャ水中考古学局がバイアのような海底遺跡公園の設置をめざす海域である（図 2-4 参照）。

ギリシャ水中文化遺産局

ギリシャ水中文化遺産局（Hellenic Ephorate of Underwater An-tiquities）は、国の文化行政をつかさどる文化スポーツ省（Hellenic Republic Ministry of Culture and Sports）の下部機関として 1976 年に設置され、水中に沈む文化遺産の調査研究および保存活用に特化した機関である。陸上の遺跡を取り扱う機関は別途存在する。ギリシャの文化財行政は日本とは異なり、またイタリア同様に、中央集権的な制度により保護されている。他の歴史や文化の分野および考古学以外の分野の博物館施設等は地方行政の寄与するところもあるが、こと考古学に関しては、すべて国が直轄して治めている。水中考古学についてもその例に漏れず、ギリシャ全土の水中文化遺産に関するすべての事象をこの機関が担う。設立から今日まで、ギリシャ全土の水中文化遺産の調査研究、保全、保存処理、活用のすべてを担ってきた。ギリシャ国内の関係法令に定められるところにより、すべての古代沈没船、沈降した集落、古代の港や港湾関連の構

造物や遺物等、海、湖、河川で発見されたものは、ギリシャの水中文化遺産とみなされる。

　事務所はアテネにある。アテネの中心市街地から見てアクロポリスの裏手にあたる南東側、パルテノン神殿の装飾に使われていた大理石（パルテノンマーブル）などを展示する新アクロポリス博物館のすぐ近くにある。事務所のある建物は 2 件あり、うち

図 6-8　アテネにあるギリシャ水中文化遺産局のオフィス

図 6-9　資料整理、保存処理の様子

1 件には、洗浄や接合を行う遺物整理室、含浸用の水槽などを含む保存処理施設、収蔵庫などが位置する。また、アテネにはさらにもう 1 棟、ダイビング器材や調査器材の収蔵庫として利用している建物があり、計 3 カ所となる。地方にもピュロスに 2 カ所の博物館（うち 1 カ所には主に 3 棟の展示収蔵施設がある）を構え、そこにも職員を配置する。

　スタッフの状況　組織全体で 52 人の職員を抱え、うちアテネに 46

人が常駐する。考古学者は 15 人、保存処理担当が 6 人、調査専属のプロダイバーが 6 人、事務職員が 9 人、そのほかメンテナンスや掃除スタッフ等が雇用されている。考古学者のうち、実際に水中に潜って調査等を実施することができるのは 11 人に過ぎないという（2017 年調査時点）。2018 年 2 月に所長はパリ・カラマラ博士（Dr. Pari Kalamara）に交代した。許認可や諸手続き等の事務処理についても考古学者と事務職員で、ギリシャ中のすべての案件を処理するため、その業務量は膨大で充分な人員とはいえないという（2017 年調査時点）。設立から 41 年が経過し、その人員不足にもかかわらず、ギリシャの海事考古学とその水中調査研究の発展に多大な貢献をし続けている。調査で引き揚げられてきた遺物の保存処理や整理もこのオフィスで行われているため、スペースも充分確保されているとはいえない。ピレウス港に新博物館の建設が予定されており、心待ちにされている。

サピエンツァ島海域の潜水調査

　本書でとりあげたギリシャの沈没船遺跡は 2 カ所ともサピエンツァ島の北側に位置する。そのため、沈没船遺跡の存在するサピエンツァ島へ行くにはヨットのチャーターが必要であった。5 時間で 300 ユーロという料金で小型のヨットをプライベートチャーターし、4 名のヨットクルーとともにピュロスから出港しサピエンツァ島へ向かった。ピュロスを出港し、サピエンツァ島で水面休息を挟み、本章で紹介する石柱の沈没船遺跡および前章でとりあげた石棺の沈没船遺跡の 2 カ所の遺跡でダイビングを行い、メソーニの港湾遺跡を船上から見学し、ナヴァリノ湾の戦いに関連する顕彰石碑な

どを見学しながら
戻り、再びピュロ
スへ帰港した。全
体で6時間ほどの
行程であった。

　ギリシャでは法
的保護対象となっ
ている水中文化遺
産の周辺海域は、
先述のとおりアク

図6-10　ヨット上にて（フィールドトリップ中に水中
文化遺産局のメンバーと）

セスが制限されている。ダイビングについても、水中文化遺産局の
許可なしに水中文化遺産を見学するダイビングをすることができな
い。許可の申請は基本的に誰でも可能であるが、教育的、学術的な
目的が望ましい。水中文化遺産局により審査されて許可が下りる。
許可が下りた場合は、局の専属ダイバー同行のもとに見学すること
ができる。また、周辺ではレジャーダイビングは産業として発達し
てはいるものの、例えば沖縄のようにたくさんのダイビングサービ
スが林立するわけではなく、イタリアやシチリアで見られるよう
な、水中文化遺産局の職員でなくともダイビングサービスがガイド
を果たすような連携には至っていない。この先どのようなシムテム
で活用が図られることになるのか楽しみである。

ギリシャの水中文化遺産の現状とこれから

　水中文化遺産局の案内により訪れたサピエンツァ島からメソーニ
湾にかけての3カ所の遺跡は近接し、1度の訪問ですべてを見学す

ることができる。この海域について、水中文化遺産局は海底遺跡公園の設置をめざす。前段階として、今も申請があれば積極的に許可し公開する。ただ現時点では、局職員の同行なしでは、訪れることができず、現地に常駐職員もいないため事前調整が必要となる。許可についても、水中文化遺産の保護に資する申請を中心に許可しており、誰でも気軽に見学することができるとは、現状では言い難い。対応に時間がとられてしまうこともその一因であろう。

さらに、エーゲ海北方のスポラデス諸島（Sporades）海域は、EUの合同プロジェクトとしてイタリア・クロアチアと共同で海底遺跡公園の設置をめざす。もう1件、パヴロペトリの大規模な沈降集落遺跡がある。ここも沿岸部で水深が浅く、容易に見学できる。現在、ギリシャで水中文化遺産の積極的な公開活用が進むのは、このサピエンツァ島からメソーニ湾、スポラデス諸島、パヴロペトリ周辺の3カ所である。

エフォレイトはこれら水中文化遺産を積極的に活用する方針だが、詳しく話を聞くなかで、いろいろな課題も見えた。大きく3つに整理してみた。

1）まず、すべてが国中心の直轄事業であること。局は今でもオーバーワークで、遺跡の活用が進んだときに現行システムでは難しい。見学の許認可も局の仕事である。申請が増え続ければ対応できなくなる。

2）次に、遺跡へのアクセスが難しいこと。メソーニ湾の集落跡やパヴロペトリは岸から泳げるが、サピエンツァ島は島へ渡る交通手段が必要である。定期観光便はなく、島に滞在可能なインフラ設備もない。今のところ我々のようにピュロスやメソーニから漁船や

ヨットをチャーターするしかない。

　3）最後に、遺跡のガイドやモニタリングのための人材育成の課題がある。ダイビング産業は存在するが、沖縄海域やシチリア海域のように常に多くのダイバーが居るわけではない。水中文化遺産の公開が浸透し、訪れるダイバーが増えるようになると、遺跡をガイドし、また状態を管理・監視するのは、水中文化遺産局の潜水考古学者と専属ダイバーのみでは、たとえ全員が見学要望対応にあたったとしても、対応しきれない。近隣リゾートのダイビングサービスが水中文化遺産のガイドをするにはまだ至らない。一般公開時のガイドとモニタリングを担う人材育成システムを構築する必要がある。

　幸い、石柱や石棺は大きく重く、とても人力で動かせない。落書きやいたずらによる破損の可能性は残るとしても、少なくとも持ち去られることはないので実験的な公開活用の場に適している。

　これら課題の一方で、ギリシャの水中文化遺産には大きな利点がある。文化遺産の内容自体は、さすがギリシャ、素晴らしいものである。水温が低く生物が少ない海況のせいか、状態も極めてよい。誰が見ても、言葉数多く説明することなくとも、感動を与えられるインパクトがある。今は小さな港町となっている場所も、多くの船が行き交い、港が活気にあふれた過去の様子が、水中文化遺産から思い浮かぶ。

　また、近海で漁業はされているが、諍いもほぼないという。保護対象の海域を立ち入り禁止にしていた当時は問題もあったが、水中文化遺産の観光資源活用には、地元の漁師たちも反対していない。この背景には、漁獲量からあがる収益と比較して、観光による経済

活性化が周辺地域にもたらす利益の大きさへの期待がある。ギリシャでは、局を中心にこれまで積み重ねてきた調査研究成果がある。活用対象の素材にも恵まれる。ただ、保存のためのアクセス制限から、積極的な活用へと舵を切るにあたり、慎重に対応を進めねば単なる破壊へとつながりかねない。

　適切な仕組みが整えば、水中文化遺産は経済停滞に悩むギリシャの救世主となる観光資源になりうる。ただ、取り返しのつかない事態を避けるためにも、1つずつ慎重に課題を解決しながら進めることが重要である。経済危機のなか、過ぎた活用が水中文化遺産の保存に大きなネガティブインパクトをもたらすようでは、活用対象の文化遺産が滅失してしまう日もそう遠くなく訪れることになる。

註

（1）実際は大理石ではないが 1925 年当時の記録にはそう記されている。

（2）*Archaeological Law* 3028/2002 "On the Protection of Antiquities and Cultural Heritage in General", article 15, about Underwater Antiquities.

　　水中文化遺産に関連する法令は複数あり、他にも以下のとおりあげられる。

　　Archaeological Law 1701/B/19-11-2003, about the characterization of shipwrecks and cultural goods, 50 years from the date they were sunk,

　　Archaeological Law 207/A/10-8-1976, about the foundation of the Ephorate of Underwater Antiquities,

　　Archaeological Law 297/2001, about the seaside and the beaches

（3）今回の調査は、主にアテネの本部から水中考古学局の所長（2017年6月当時）であるアンゲリキ・シモージおよび水中考古学者パナヨタ・ガリアツァトウおよび事務職員アナスタシア・ミツォプルが調整

し、ペロポネソス半島のフィールド調査には中西、片桐とともにシ
モージおよびミツォプルが同行し、現地で専属ダイバーのイリアス・
クヴェラスとコスタス・カルディスがガイドおよび安全管理を担っ
た。

第7章　近代の沈没船から沈没戦闘機へ

第1節　地中海から七つの海へ

地中海の覇権争い

　オスマン帝国の躍進により、ヨーロッパのキリスト教諸国は地中海、特に東地中海の覇権を失っていた。ヨーロッパのキリスト教徒たちからは「大帝」と呼ばれたスレイマン1世（1520〜66年在位）は、在位中に13回も遠征を行い、オスマン帝国の版図をバルカン半島、メソポタミアから北アフリカのアラブ世界にまで押し広げ、大帝国を作り上げた。その前に立ちはだかったのは、神聖ローマ皇帝（1519〜56年在位）であり、スペイン王でもあったカール五世（カルロス1世）である。この2人は1538年にプレヴェザの海戦で戦った。アドリア海の制海権を掌握しようとして出動したオスマン帝国海軍はヴェネツィアと衝突する。そのヴェネツィアから助けを求められたカール5世はキリスト教徒の連合艦隊を率いてプレヴェザでの海戦に臨んだ。4日間にわたる海戦は、キリスト教徒側が退却し、オスマン帝国海軍が勝利を収めた。結果、スレイマン1世のオスマン帝国はキプロスとマルタを除く地中海の全海域を支配下に収めた。

　その後30年以上が経過した1571年、スペインとイタリアを主と

するキリスト教徒の連合艦隊は、プレヴェザの南、ペロポネソス半島の付け根にあるレパントの沖合で再びオスマン帝国軍に挑んだ。16世紀、地中海最大の海戦となったこの激突は、多くの犠牲をはらいながらもキリスト教徒の連合艦隊が大勝利を収めた。いわゆるスペイン無敵艦隊の誕生である。この戦いでヴェネツィア艦隊が使用した火砲が威力を発揮した。この戦いを機に、海戦は、奴隷がオールで漕ぐガレー船から火砲を主力とする帆走軍艦へと移行する。それは、中世から近代への移行でもあった。スレイマン1世の死からわずか5年後、地中海の覇権がキリスト教徒側へ、再び傾きはじめていった。

スペインの飛躍

この頃、キリスト教徒側の中心的な国家となっていたスペインの目は西へ、大西洋へと舳先を向けた航海を始めた。名実ともにヨーロッパを治めていたカール5世の子、スペイン王フェリペ2世は、絶頂を極めるその国際的地位のなかで、その関心はもはや地中海ではなく、大西洋を越えてアメリカ大陸、そして太平洋世界を向いていた。そこには地中海を凌駕する魅力があった。マゼランの探検隊は、カール5世の治世1552年にすでに世界一周を終えてセビーリャに帰港していた。その後、航海技術や造船技術が発展し、帆船の大型化がめざましくすすむにつれ、大西洋の横断はもはや障害ではなくなっていった。スペインは新大陸からの金銀やフランドル地方の毛織物貿易で莫大な富を築き、世界帝国となった。その黄金時代を築いたフェリペ2世は、1580年にはポルトガル王にもなる。その一方で、かつては地中海最強の帝国とも恐れられたオスマン帝

図7-1 左はカルロス1世（カール5世）、右はフェリペ2世
（一時スペインの支配下にあったシチリアには、その王たちの像がパレルモ旧市街に置かれている。シチリア州パレルモ、クアトロカンティ）

図7-2 フェリペ2世が住んだエスコリアル宮（ハプスブルグ家の多くの王が今もここに眠る。スペイン、エルエスコリアル）

国は、レパントの海戦での敗北以降、衰退が見えはじめる。1683
年、ウィーンでヨーロッパ諸国に敗北したこともその契機になっ
た。海上での戦いだけはなく、今度は陸上での戦いでも敗北を喫し
た。その後、ハンガリーを奪回され、ロシア帝国により黒海沿岸を
奪われ、キリスト教側の巻き返しが続く。

地中海から大西洋、太平洋へ

　地中海が覇権争いの中心であった頃、オリエントとオキシデント
の貿易は、中世ではアラブ諸国、その後はオスマン帝国がルートを
抑え、そこにヴェネツィアをはじめとする海洋都市国家やイタリア
の商人たちがさらにヨーロッパへと中継し、繁栄した。しかし、15
世紀末以降、コロンブスのアメリカ大陸到達やヴァスコ・ダ・ガマ
のインド航路発見、マゼラン探検隊の世界一周などの活躍により、
中心は大西洋、太平洋へ移り大航海時代の幕開けとなる。スペイン
王室は1520年代以降、コルテスやピサロを送り込みラテンアメリ
カの諸国を征服した。大航海時代の到来とともに、スペインは世界
帝国になり、アジアやアメリカとヨーロッパの距離が近くなり世界
の一体化が進んだ。ヨーロッパの強国が覇権を争うのはもはや地中
海ではなくなり、ヨーロッパの遠隔地貿易の中心も地中海からスペ
イン、ポルトガル、イギリスといった大西洋沿岸部の国々へ移る。
人とものの交流は、地中海のみではなく、七つの海をまたぐように
なっていくのである。

新たな覇者たち

　スペイン王フェリペ2世がポルトガル王も兼ねるようになった

頃、カトリック化政策の強化に反発したネーデルランドの新教徒
が、1581年オラニエ公ウィレム1世のもと、ネーデルランド連邦
共和国として独立した。豊かなネーデルランド地方が叛旗を翻した
ことは、スペインには大打撃となった。さらにイギリスは、スペイ
ンに対してたび重なる海賊行為やネーデルランド独立の軍事介入支
援と、スペインを逆なでする行為を続けた。スペインとイギリスの
戦いが始まる。1588年、スペインはイギリスに、当時、無敵艦隊
（アルマダ）と呼ばれた海軍の艦隊を送る。英仏海峡で海戦を繰り
広げた結果、スペインはフランシス・ドレークに率いられたイギリ
ス海軍に敗れてしまう。この戦いはスペインが制海権を失うきっか
けとなった。その後、海の覇権は、1602年に世界初の株式会社と
なる東インド会社を設立して東南アジア貿易にまで手を広げたオラ
ンダや、積極的に海外進出を進めたエリザベス1世治世下のイギリ
スに移動していく。イギリスはオランダに次いで東インド会社を設
立し、アジア貿易や植民地経営に乗り出していった。

七つの海の覇権争い

　世界帝国の時代を迎えるなか、18世紀、産業革命がイギリスで
口火を切る。毛織物工業などでの技術革新、製鉄業の成長など、生
産基盤に大きな変革をもたらした。なかでも、蒸気機関の開発とい
う新たな動力源の確保は交通手段、そして流通に大きな変化をもた
らした。それは造船技術にも及ぶ。1769年、ワットが蒸気機関を
改良し、これが水力に取って代わる動力となる。1807年、アメリ
カでフルトン（1765〜1815）が蒸気機関を試作した。両舷側に大き
な輪形の水車をつけて推進力にする外輪船を考案し、ハドソン川で

図7-3 カティサーク号（植民地から茶を運んだ快速帆船。今もその姿を留め、内部は展示室になっている。イギリス、グリニッジ）

の乗客を乗せた試運転に成功した。この時代の海上交通の主流は、帆船だった。19世紀半ばに、クリッパー（clipper）と呼ばれる快速帆船がアメリカやイギリスで盛んに造られる。イギリスのクリッパーは、植民地から茶や羊毛を運び、運搬に要する時間を劇的に短縮した。今もグリニッジの港にその姿を見せるカティサーク号は、1885年にシドニーからロンドンを72日で走破するという記録を打ち立てた。しかし、クリッパーシップを頂点として、長かった帆船の時代はついに終局へ向かい、1869年のスエズ運河開通以降、船の主流は蒸気船へと移行していった。

　大航海時代に繁栄し、アメリカ大陸を手中に収めて"太陽の沈まない国"といわれるまでになったスペイン王国、その後スペインの無敵艦隊を破り植民地を拡大し、新たな"太陽の沈まない国"とい

われるまでになった大英帝国、東インド会社の設立から東南アジア
交易を掌握したオランダ王国など、海をめぐる覇権争いと覇権の移
動は近代以降も続いていく。本章で紹介するクレタ島沖に沈む蒸気
船は、船籍や詳細は不明であるものの、近代の幕開けとなったこの
時代の蒸気船である。

第 2 節　クレタに沈んだ蒸気船

　2017 年 6 月、クレタ島にわたり、そこの水中文化遺産ダイビン
グを行った。この沈没船遺跡は、第 5・6 章で紹介したようなペロ
ポネソス半島のものとは違い、学術調査を経て公開活用されている
わけではなく、地元のダイバーたちにより見出され、レックダイビ
ングのポイントとして活用され続けている。また、法律的に保護の
対象にもなっていない。

神話の島クレタ

　クレタ島はギリシャの主だった島々のなかでは南端に位置する。
エーゲ海の南の終わり、この南はリビア海を経てもうアフリカ、と
いう位置にある。ここで栄えたミノア文明とクノッソス宮殿、イカ
ロスの神話を知らない者はいないだろう。海上交通の要所となる島
であり、オリエントへの展開拠点としてヴェネツィア共和国がなん
としても死守したかった島である。そのため、島の数多くの港には
ヴェネツィアが建てた要塞があるなど、中世ヨーロッパ情緒にあふ
れる町が多い。イラクリオン（Heraklion）は島で最も大きな町で
あり、島の北岸に面する。ヴェネツィアが旧都カンディア（Can-

図7-4 港のそばにあるヴェネツィア統治時代の城塞 (イラクリオン)

図7-5 ビーチからうっすらとディア島が見える (アギア・ペラギーア)

dia）として創り上げた町である。町には要塞や城壁のほか、広場や噴水、市庁舎などヴェネツィア風の建造物が並ぶ。なかにはヴェネツィアの紋章である聖マルコのライオンが刻まれたものも残る。

ディア島の沈没船群

そのイラクリオンの北東側の海には小さな無人島、ディア島がある。エーゲ海を船で南下してくると、イラクリオンの港へ入る直前に左手に見えてくる。この小島の周辺には、イラクリオンの港をめざした船が多く沈んでいても不思議ではない。

ディア島の周辺には、漁礁やダイビングポイントとして活用するため、人為的に沈められた現代の船もある。2011 年にはギリシャ水中文化遺産局（エフォレイト）が、アメリカのウッズ・ホール海洋学研究所（Woods Hole Oceanographic Institution）らとの共同調査により、この島周辺海域の詳細調査を行い、8 カ所の沈没船が確認された（Theodoulou et al. 2015）。うち 1 カ所はフランスのジャック＝イヴ・クストー（Jacques-Yves Cousteau）らによる 1976 年の調査で発見されたもので、4 カ所は新しく発見された古代の沈没船である。3 カ所は現代のものであった。さらに、3 カ所の投錨地（港湾）遺跡等も調査された（Theodoulou et al. 2015）。サイドスキャンソナー、マルチビーム、サブボトムプロファイラー等の技術を用いてイラクリオン湾の北からディア島まで水深 100 m 以下の海域において、海底の概要を調査し、その後、ダイバーの潜水による目視確認調査を実施した。確認された沈没船遺跡のうち、ギリシャの現行法で保護の対象となる、つまりアクセスが制限されるのは 5 カ所の古代沈没船であり、残り 3 カ所の沈没船は観光資源とし

て、レジャーダイビングのダイビングポイントに活用することができる。

　筆者らが訪れたダイビングサービス、ダイバーズクラブクレタ（Diver's Club Crete）は、イラクリオンの20 kmほど西の郊外のビーチリゾート、アギア・ペラギーア（Agia Pelagia）にあり、先述の調査の補助や安全管理、考古学者の潜水トレーニングにも参加している。

遺跡の状況

　2017年6月、ディア島へのレックダイビングツアーに、他のレジャーダイバーら8名、インストラクター3名とともに参加した。ダイビングは2本、1本めは現代に人為的に沈められた漁船、2本めは150年ほど前に遡る蒸気船、という2種の沈没船を見学した。人為的に沈められた前者はともかく、後者は19世紀、蒸気船ができたばかりの時代の、またその事故の様子を物語る貴重な歴史資料である。2艘とも残存状況は極めてよく、後者にいたっては150年以上経過しているにもかかわらず、蒸気船の水車をはじめとする機関設備や、船体の鉄製フレームがはっきりと残る。また周辺には、燃料であった石炭がたくさん散乱している。これは誰が見ても、船そのものが沈没したことを如実に物語る沈没船遺跡である。

　これまで見てきた沈没船遺跡は、船といっても木造の船体は長い年月で消滅しており、積荷であるアンフォラや石柱、石棺が密集するものだった。“船”そのものをイメージすることは難しい。しかし、この沈没船遺跡では船とその構造を知ることができる。

　これらの生々しい様子は、間近にゆっくり観察することができ、

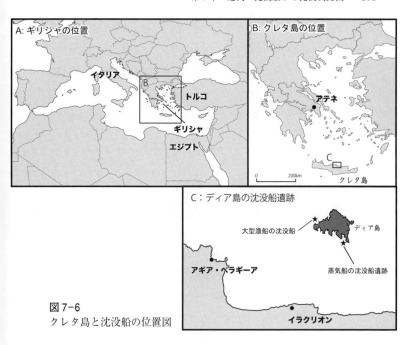

図7-6
クレタ島と沈没船の位置図

船体の内部を通り抜けることもできる。実は、地中海のダイビング
ではレックダイビングが盛んである。歴史的に多くの船が沈没して
いる上、その保存状態もよいからであろう。この沈没船遺跡も、人
気が出るのも納得できる迫力のダイビングであった。水深は、20 m
程度と比較的深いが、それなりに経験を積んだダイバーならレ
ジャーダイビングで充分見学が可能な深度である。蒸気船はディア
島の崖に衝突して沈没したと推測されている。

強い保護の網がかかった古代の沈没船

また、この沈没船とは直接関連がないながらも、見学中に古代の

アンフォラが散乱する状況をも確認した。この海域に古代に遡る沈没船遺跡が存在する可能性もあろう。しかしながらダイビングサービスは、法律で保護対象になっている古代沈没船遺跡へのアクセスについて法律に反した場合厳しく罰せられるため、レジャーダイビング客を案内することもないし、場所を知っていても情報を提供することはないという。

遺跡の価値づけの大切さ　蒸気船については、船体のフレームのつくり等から150年ほど前のものと想定されているが、それ以上のことはわかっていない。船名や、事故を記録している文献など、詳細を語りうる資料については調査されていない。そのため、レックダイビング開始時にも、船体の物理的な状況の解説や限られたダイブタイムのなかで効率的に見学するためのブリーフィングはなされるが、その船の歴史的背景や学術的価値を提供することができない。現在のクレタ島の状況で幸運なのは、レックダイビングに対して、レジャーダイバーからの需要が高いことである。沈没船を見学したい、公開してほしい人が常にある程度存在するということである。

活用と保存の共存

既存のレックダイビングのシステムに歴史性を加味し、保護につながるような工夫・しかけを考えることで、より持続可能な形になる。歴史的背景から語られる船についてのストーリーは、レックダイビングの楽しさに厚みを増し、学術的価値により示される沈没船遺跡の重要性はレックダイビングのマナー向上、ひいてはその沈没船をよりよい状態で次世代へ残していくように人々の意識を向上させることにつながる。

図7-7
ダイビングサービ
スがあるビーチ
（ビーチリゾートか
ら遺跡見学のダイ
ビングに出かけること
もできる）

図7-8
ダイビングサービス
内で他の参加者とと
もに説明をきく

図7-9　イラクリオン周辺のさまざまなダイビングポイント（数字がポイン
トの位置を示す）

図7-10
移動中の船上でポイン
トのブリーフィングレ
クチャーをするガイド

図7-11
ディア島の大型漁船ポイント
海上の風景（目の前がディア島）

図7-12
人為的に沈め
られた現代の
大型漁船での
ダイビング
（船が漁礁とな
り他の場所よ
り多く魚が集
まる）

図 7-13
ディア島の蒸気船ポ
イント海上の風景

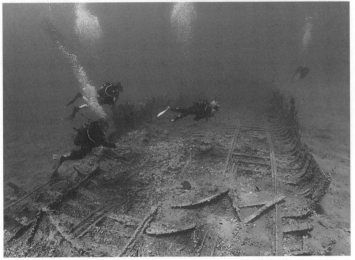

図 7-14　蒸気船の船体が今も海底に眠る

　ストーリーの提供により、ストーリーの理解できない部分や実際
に自分の目で物理的に確かめたい部分、また観察した事象とストー
リーとを関連づけ、自分のなかで再消化するための詳細な観察へつ
ながる可能性がある。そうなると、同じ場所での繰り返しのダイビ
ングも飽きないため、リピータの確保という商業ベースでの持続に

図7-15　蒸気船遺跡の海底に散乱　図7-16　蒸気船遺跡の近くにあった
　　　　した石炭　　　　　　　　　　　　　アンフォラ（このような破片
　　　　　　　　　　　　　　　　　　　　　が周辺の海底に見られる）

もつながる。なにより、学術的価値の検証とその積極的な情報提供
により価値が正しく理解されることは、遺跡を傷つけないことなど
見学時のマナー向上につながる。価値の高いものは大切にしなけれ
ばいけないという意識が働くからだ。また、遺跡を傷つける人に対
して監視するモニタリングも、見学者間で相互に機能することにな
る。どちらも当該文化遺産を持続可能な形で保護することにつなが
り、なおかつ積極的な活用につながる。沈没船を単なるレジャーの
ためのレックダイビングのポイントとして消費し続けるのか、人類
の歴史と文化を物語る貴重な文化遺産として保護しつつも利用して
いくのか。このような学術的研究とその沈没船についての価値づけ
の有無が、1隻の沈没船の行末を方向付ける鍵となるのであろう。

第 3 節　マルタに沈んだ WWⅡ 戦闘機

　19 世紀の半ば、ヨーロッパは好景気を迎える。イタリア、ドイツはそれぞれ統一国家となり、イギリスはヴィクトリア女王のもとでこれまでにない繁栄の絶頂を迎える。その一方、急速に近代化が進むヨーロッパ諸国とは対照的にオスマン帝国は衰退していく。帝国内の諸民族がオスマン帝国からの自立を求める動きと、力をつけたヨーロッパ列強の巻き返しとにより、領土は縮小の一途をたどる。さらに 1914 年に勃発した第一次世界大戦により、オスマン帝国は終焉へ向かっていく。

　第一次世界大戦では初めて航空機が使われるようになった。最初は偵察機のみの利用だったが、やがて攻撃を伴う戦闘機が飛ぶようになった。覇権争いの戦いの舞台は、海だけでなく空にも広がった。第二次世界大戦では、攻撃における戦闘機の重要性はいっそう増していくことになる。本章ではこれまで紹介してきた地中海の水中文化遺産の締めくくりとして、マルタ島沖に沈む戦闘機を紹介する。

騎士団の島マルタ

　マルタといえば、かつてはマルタ騎士団（聖ヨハネ騎士団）の本拠が置かれていたことで有名である。聖ヨハネ騎士団の起源は 11 世紀、十字軍の時代に遡り、アマルフィの商人がエルサレムへの巡礼者用の病院を兼ねた宿泊所を設立したことに始まるとされる。13 世紀末にイスラム勢力によってエルサレムを追われてから、14 世紀初頭にはロードス島に拠点を移し、ロードス騎士団とも呼ばれる

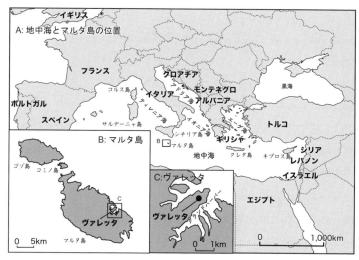

図 7-17　マルタ島の位置図

ようになった。しかし、1522年には、オスマン帝国のスレイマン
大帝との戦いに敗れてロードス島をも追われることになるが、1530
年、スペイン国王のカルロス1世から聖ヨハネ騎士団にマルタ島が
与えられた。代価は年1羽の鷹であったという。聖ヨハネ騎士団は
マルタ島を本拠地とし、いつの頃からか今度はマルタ騎士団と呼ば
れるようになった。しかし、そのマルタ島も、地中海の覇権を握る
ために島々の領土拡大を続けるオスマン帝国のスレイマン大帝に標
的とされた。1565年、マルタ騎士団はオスマン帝国と島の覇権を
かけて再び戦うことになる。1522年のロードス島攻防戦の再戦と
もいえるこの戦いは、3ヶ月を超える死闘を繰り広げた結果、マル
タ騎士団に軍配があがる。当時騎士団長であったジャン・ヴァレッ
ト（Jean de la Valette）のもとに団結した騎士団は、このオスマン

帝国軍の攻撃を切り抜け、この島を
守り抜いた。ヴァレットはロードス
島での戦闘にも参加しており、スレ
イマンに煮え湯を飲まされた苦い経
験をもつ。マルタ島での再戦によっ
てついにそのスレイマンを退けた。
その後に築かれた強固な要塞都市
は、騎士団長の名を冠しヴァレッタ
（Valetta）と呼ばれるようになっ
た。旧市街の広場には、今もヴァ
レットの銅像が立つ。

図7-18　騎士団長ジャン・
ヴァレットの像

　その後、マルタ島は約260年とい
う長い騎士団の支配が続いた。それ
は、1795年エジプト遠征途上のナポレオン・ボナパルト（Napoléon
Bonaparte 1769〜1821）に征服されて終わりを告げるが、マルタ島
はすぐにイギリスの手にわたる。イギリス海軍が2つの大戦にわた
り地中海の拠点をおいたこの島の周辺海域では、多くの海戦も行わ
れた。しかし、もはや海戦は船のみではなく、空を飛ぶ戦闘機をも
巻き込むものとなっていた。1989年、東西冷戦の終わりを告げた、
アメリカ合衆国とソビエト社会主義連邦両国の首脳会談が行われた
のもこの島である。

マルタの今

　2016年7月、シチリア島から海路、マルタ島へ渡った。ちょう
ど日が暮れはじめた頃、陽気な係員に見送られてポッツアーロ港で

大型フェリーに乗り込んだ。深夜、フェリーはマルタ共和国の首都ヴァレッタの玄関口、グランドハーバー（Grand Harbour）に入る。ヴァレッタは世界遺産となっている要塞都市である。フェリーのソファーでうとうととしていた私たちが周囲のどよめきの気配に目を開けると、ライトアップされた薄い赤茶色の石で造られた要塞が船の窓越しの眼前に広がり迫ってきていた。この光景は、今回の調査にあたって予習してきたマルタ騎士団とオスマントルコとの攻防を思いおこさせるに充分だった。フェリーはゆっくりとハーバーの奥へ進み、中世の要塞がガラス窓の向こうで両脇を過ぎていった。

　マルタ共和国は、地中海の要所に位置する島国で、古くからこの地をめぐる攻防は絶えなかった。最も大きなマルタ島、次いでゴゾ島、コミノ島という３つの主要な島とその他の小さな島々からなり、面積は 316 km² と淡路島の半分ほどの小さな国家である。名前のとおり共和制をとり、大統領を要する島で、欧州連合（EU）にも加盟しており、通貨はユーロを使用する。地中海のリゾート地としては超がつくほど有名で、夏にはヨーロッパのみならず、世界中から観光客がこの国のビーチリゾートに詰めかける。若者たちのナイトライフ施設が充実していることでも名を馳せる島である。このため、マリンスポーツや海に関わる観光産業への依存度は高い。公用語は地元のマルタ語と英語、文化は中世から続く騎士団の伝統はもとより、イスラムや宗主国だったイギリス、隣国イタリアなどさまざまな国の影響を受ける。食生活はイギリス色が濃い。ホテルの朝食も完全なイングリッシュ・ブレックファースト。イギリスの食事はイギリスの気候に合うものだが、夏には乾燥して焼け付くよう

図7-19　マルタ島グランドハーバーの朝焼け

図7-20　マルタ島ヴァレッタの街並み

に暑い気候のこのマルタ島で、重厚なイギリスの風味漂う食生活は
刺激的だった。

　マルタ島にある首都ヴァレッタの旧市街は、ユネスコ世界遺産に
も登録されている。その他にも、タルシーヌ神殿をはじめとする新
石器時代の巨石神殿群やハル・サフリエニの地下墳墓と合わせて3
件もの世界遺産を擁し、観光資源としての文化遺産の貢献度が大き
い。それは、水中文化遺産においてもいえる。地中海の海上交通の
要所であったマルタ周辺の海域は、古くから数多くの船が行き交
い、海難事故にあった船が多く沈んでいる。ゴゾ島のシュレンディ
（Xlendi）湾には紀元前7世紀頃のフェニキア船が、満載した積荷
とともに沈む。第二次世界大戦では、イギリスが海軍基地を置き、
地中海の戦いの舞台となった。1940年のイタリアの参戦以降、マ
ルタの周辺で空戦が繰り広げられるようになり、その戦闘機や戦艦
も沈む。これらマルタの歴史を生々しく語る水中文化遺産は、レ
ジャーダイビングで容易にアクセスが可能な海域にあるものから、
水深100mを超えるような高度なレベルのテクニカルダイビング
や潜水艇でのみアクセス可能なものまで幅広い。そしてそれは、一
般的なレジャーダイバーからクルーザでこのマリーナに乗り付ける
富裕層まで、世界中からここへ旅行に来るさまざまな人々を惹きつ
けてやまない有効な観光資源として利用されている。

マルタのダイビング事情

　マルタ周辺の海域は、おどろくほど碧く透明度の高い海に、どこ
までも続く砂漠のような白い砂の海底、その一部にはオアシスのよ
うにポシドニアの草原が広がる。沖縄海域のように発達した珊瑚礁

とそこに生息する多種多様でカラフルな魚にあふれる熱帯の海とは
まったく違った水中景観である。レジャーダイバーたちの間では、
マルタといえばレックダイビング、といわれるほど沈没船を見学す
るためのダイビングが盛んである。NAUI や PADI といったダイビ
ング指導団体が発効するライセンスのなかで、沈没船でのダイビン
グ技術を特別に磨くための講習を受けたことを証明する、レックダ
イビングのスペシャリティカード（証明書のこと）を発行するダイ
ビングサービスも多い。

　筆者らが訪れたダイビングショップは、マルタ島北西海岸に位置
するリゾート地区、セント・ジュリアンズ（St. Julian's）に店を構
えるクレスト・ダイビング・センター（Crest Diving Center）であ
る。マルタのレックダイビングの案内書も執筆したガイド、コン
ラッド・ハドネット（Conrad Hadnett）氏を擁し、レックダイビ
ングを得意とするダイビングサービスの 1 つである。

ブリストル・ボウファイター

　2016 年 7 月セント・ジュリアンズの沖 900 m ほど、水深約 38 m
の海底に沈む、ブリストル・ボウファイター（Bristol Baufighter）
を訪れた。このポイントは、マルタ周辺海域のレック（沈没してい
る船や飛行機）のなかでは、残存状況もよく、アクセスが比較的容
易であるため、最も人気の高いポイントの 1 つという。

　ブリストル・ボウファイターは、第二次世界大戦中にイギリス空
軍が用いた戦闘機である。1939 年 7 月 19 日にプロトタイプが初飛
行した戦闘機で、翌年 4 月からイギリス空軍で使用された。双発エ
ンジンをもつ 2 人乗りの飛行機で、全長 12.6 m、翼幅 17.65 m を測

図7-21 ダイビングサービスのあるセント・ジュリアンズ地区（ヴァレッタの旧市街から一転、現代的なリゾートが展開する）

る。セント・ジュリアン沖に沈むこのボウファイターには詳細な記録が残っている。この戦闘機は、1943年3月17日にこの海に不時着した。11：38、2人の下士官を載せたボウファイターが激しく振動し、急激に失速した。水面に不時着するよりほかに選択肢はなかった。乗っていた2人はレスキューが到着したときにはすでに、地元の小さなゴンドラ船、タルパス（dghajsas）に救出されていた（Hadnett 2016）。海に不時着したボウファイターはそのまま海底へと沈んでいった。

遺跡の状況

この沈没戦闘機が沈むポイントは港からの距離が近く、アクセスが容易である。しかし、水深は38m。初心者向けのダイビングポ

イントとはいえず、クレスト・ダイビング・センターでは、上級者
ダイバーや、一定の深度を超えた海での潜水するための特別な講習
を受けたディープ・ダイブ・スペシャリティの資格を有するダイ
バーにしか案内をしていない。また、ダイビングの料金も、通常の
ダイビングの相場より1.3〜1.5倍程度高額である。これは、高度な
ガイド技術を要求することに依拠するという。受付で、ひと通りダ
イビング技術やこれまでのダイビング経験について確認の会話を交
わし、レンタル器材を受け取った後で、当日の担当ガイドからブ
リーフィング（今回のダイビングの概要説明）を受けた。見学者は
私たちのほかに、他のヨーロッパ人レジャーダイバー2名、船の管
理者、ガイドを含めた計6名。小型のボートでポイントへ向かっ
た。ダイビングサービス前の港を出てほんの数分でたどり着いた。

　ポイントには、ここを活用するダイビングサービスがとりつけた
と思われる小さなポリタンクでできた簡易ブイが設置されており、
目印になっている。このときは、たまたまブイが壊れていたために
水面の上に出ておらず、ポイントを探すのに手間取っていた。水面
から少し沈んだブイが無事見つかり、そこに船を係留させて海に
入った。体内の予測窒素残留濃度から計算される水深38mに滞在
できる長さは、レジャーダイビングの基準では約8分間である。背
中に背負った高圧空気タンクの消費量によって、さらに滞在時間が
制限される可能性もある。消費が速ければ、それだけ水底に滞在可
能な時間が短くなる。水底にある戦闘機の見学を最大限楽しむため
には、エントリー後スムーズに素早く水底までたどり着き、効率よ
く泳いで見学する技術が要求される。水底はどこまでも広がる見事
な白砂。それもこの海が美しい要因ではあるが、同時に、水底で砂

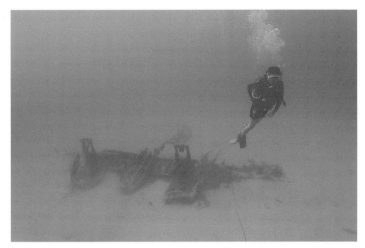

図7-22　海底のブリストル・ボウファイター（見学を終えて浮上する）

図7-23　ブリストル・ボウファイターのプロペラ（この機は双発エンジン）

煙を上げずに移動する高度な技術も求められる。水底の砂が、フィンキックにより巻き上げられてしまうと、視界が妨げられ、限られた時間のなかで戦闘機をしっかり見学できなくなる。そうなると自分だけではなく、一緒にダイビングをしたチーム全員に迷惑が及ぶことになる。

　海底に沈むボウファイターは上下を逆に、裏返った状態で横たわっていた。船が海底に沈んでいることは理解できる。船は海の上を走るからだ。しかし、空を飛ぶ飛行機が紺碧の深い海底に横たわっている姿は奇妙な光景だ。このような日常とまったく異なる光景を目にすることができるのも、遺跡の環境が海底であるからこそで、スキューバダイビングの魅力である。おそらく陸上で不時着したならば、破壊されたり、博物館に収蔵されたりして、このように遺跡として現位置に保存されることは稀であったろう。そしてこの海底に沈んだ戦闘機は“戦争”というものを意識させられるのに充分な姿を留めていた。

　見学や写真撮影をし、時間管理をしていたガイドの合図とともに、参加者全員がゆっくり浮上した。この1回のダイビングで支払った金額は1人あたり62.70ユーロ（約7,500円）である。わずか8分の滞在でこの金額を支払う価値があるのかと聞かれれば、もちろん充分な価値があると断言できる。ダイビングにおける時間の感覚は不思議なもので、水深38mの世界では、8分の時間が長いと感じられるほどの集中で見学することができ、その達成感はただ長い時間を潜っていただけでは味わえないものである。

管理活用の模索

　このポイントについては、アクセスが制限されているわけではない（2016年6月調査時現在）。今はよい状態で残存しているが、このままの良好な状態がいつまでも続くわけではなく、保存状態の悪化は突然訪れる。これは、特にこのブリストル・ボウファイターに限ったことではなく、少なくとも現在確認されている9カ所の民間活用が先行するレックダイビングポイントの水中文化遺産が同様の危機にさらされている（2016年、ガンビン氏のご教示による）。水中文化遺産の調査研究に取り組むマルタ大学のティミー・ガンビン氏（Prof. Timmy Gambin）やマルタ政府の文化遺産局（Superintendence of Cultural Heritage）は、この事態を憂慮して、マルタの水中文化遺産の保護制度の構築に向けて研究と検討を重ねている。水中に限ったことではないが、文化遺産を保護するためには、まず何を保護するのか、どういう状態で保存し、どう活用していくのか、その対象を正しく把握することが第一である。マルタでは水中文化遺産の所在の確認のため、島の周辺海域すべてを網羅する目的の詳細なサーベイ調査を実施している。広域のサーベイで見つけた水中文化遺産については、次の段階として各個別の詳細調査によって必要な記録と研究を行い、一定度の文化遺産的な価値評価を終了したものから順次、見学を希望するレジャーダイバー用に開放していくシステムを構築中であるという（2016年時点）。

　前述のとおり、世界中からマルタへの観光客が押し寄せるなか、水中文化遺産を見学するダイビングも大きな観光資源となる。通常のレジャーダイビングでは到達不可能な深度における高度な技術や乗り物などの最先端技術を必要とするような潜水でさえ、得難い体

験のためには巨額の支出をいとわない人たちも多いという（2016年、ガンビン氏のご教示による）。そこで、開放にさいして見学料を徴収することに決めた。場合によっては1回数千、数万ユーロを超える高額な見学料も視野に入れているという。国や大学、有識者を巻き込んだ財団のような非営利団体を設立して管理をし、そこで得た収入を、文化遺産の調査研究や記録、保存に要する費用にあてる仕組みをつくろうとしている（2016年調査時点）。この大いなる目的を達成するためには、遺跡をただ見つけて記録するだけでなく、研究によって遺跡の評価・価値づけを行ってその魅力を最大に引き出す研究者の努力が鍵となるだろう。

終章　海が語り継ぐ歴史

　地中海を囲む国と人の物語を、水中文化遺産をテーマに、この海
の覇権争いの歴史を意識しながら概観してみた。この地域では、長
い間海は陸以上に便利な道であった。覇権争いの空間が空へと広
がってからも、国と国、島と島をつなぐルートは踏襲され続けた。
人も物も思想も、社会やその文化を構成するさまざまな事象がその
道を通ってもたらされた。それゆえに、人類の痕跡は海のなかにも
あり、陸地に残された痕跡だけを見ていても人類史を解き明かすこ
とはできない。まだ計り知れない量の情報が海の底に眠っているか
らである。その一端を本書で紹介した。

　筆者らがフィールドとしている沖縄海域も、長く海の道が主要な
交通路であった。アフリカから出て世界中へ広がった人類は、海を
越えてさまざまな場所へわたっていき、琉球列島にたどり着いたの
は３万年以上も前とされている。沖縄島に誕生した琉球王国は中継
貿易によって、中国、日本、韓国、東南アジアの国々と王国内の
島々を結びつけ、縦横無尽に張り巡らされた海上交通ネットワーク
のもとに発展した。それゆえに、海の底に眠る水中文化遺産が語っ
てくれる情報も極めて多い。水中文化遺産をとおしてわかることを
明らかにし、次世代にも語り継がれるようにしていきたい。そのた
めには、調査研究はもちろんのこと、明らかにされた水中文化遺産

とその価値を少しでも長く保護し続けることが必要になる。それには理解者や協力者が不可欠であり、筆者らはそれらを増やす仕組みづくりにも取り組むことにした。

先進事例の調査

　イタリアやシチリアのように、広く一般的な水中文化遺産の公開活用を組織的に実践していた事例は、当時、日本では、数例しかなかった。そこで、先進事例として、海上交通のネットワークが極めて発達していたことにより豊富な水中文化遺産を擁するという歴史的背景があり、さらに美しい海がありそれを活用するマリンレジャーが盛んであるという社会背景を共有する地中海地域に目を向けた。そこでの先進事例を類例調査の対象とし、肯定的・批判的に分析を行って沖縄らしい水中文化遺産公開システムの理論構築に務めることとした。

　本書でとりあげた9カ所の水中文化遺産は、いずれも現地に保存され、訪れることができる。アクセスの仕方や管理の方法はさまざまあるが、一例を除き筆者らがめざす理解者や協力者を増やすための取り組みをもって水中文化遺産を現地で公開活用しながら、保存にも資する仕組みが構築されている、もしくはされようとしている。文化財の保存方法には、人々のアクセスを遮断することで、文化財に対する外的な影響を最小限に抑えて手法もあるが、そんな方法は選んでいない。その6カ所の事例の概要を表にしてまとめてみた（表8-1）。

　地域別で見ると、調査対象としたのはイタリア、シチリア、ギリシャ、マルタの3カ国4地域に及ぶ。

表 8-1　水中文化遺産管理の現状

	イタリア	シチリア州		ギリシャ		マルタ
場　　所	カンパニア州ナポリ県バイア	トラーパニ県レヴァンゾ島	シラクーザ県マルザメーミ	ペロポネソス半島メソーニ沖サピエンツァ島	クレタ島の北沖ディア島	セント・ジュリアンズ沖
遺　　跡	バイア水中公園	カラ・ミノラ沈没船遺跡	石柱の沈没船遺跡	沈没船遺跡群	蒸気船の沈没船遺跡	ブリストル・ボウファイター
時　　代	ローマ帝国	共和政ローマ	ローマ帝国	ローマ帝国・15世紀頃	近代	現代（第二次世界大戦）
一般公開	○	○	○	×（予定あり）	自由	自由（規制予定）
公開方法	許可制（国行政→DS）	許可制（州行政→DS）	許可制（州行政→DS）	許可制（国行政→個別申請）	自由	自由（規制予定）
ガイド	許可された DS	許可された DS	許可された DS	政府機関ダイバー	自由	自由（規制予定）
DS の訓練受講	必要（有償）	必要（無償）	必要（無償）	なし	なし	なし
維持費	政府DS 一部負担	政府DS 労働提供	政府DS 労働提供	政府負担のみ	なし	なし（見学料金を充当予定）
管　　理	国の直営遺跡付近に事務所職員 3 名海上保安庁の見回り徹底した潜水管理人数制限	考古学者の定期的なモニタリング地元ダイバーの自己負担モニタリング		なし	なし※ギリシャ・ローマ時代のものには勝手に触れてはいけないことはダイバー達に周知され、守られている。	なし（規制予定）

※DS…ダイビングサービス

　シチリアは国家としてはイタリア共和国に属するが、自治州である。文化遺産の管理については自治政府のもとにあり、イタリア政府の権限が及ばないため、イタリアとは分けてとりあげた。マルタについては、調査時点（2016年7月）ではまだ規制されていなかったが、ちょうどその水中文化遺産管理の仕組みを作っている途上であった。

バイアとシチリアの比較

　イタリアのバイア水中公園やシチリア島の水中文化遺産など、ダイビング産業が発達する地域では、制度はさまざまであるが、水中文化遺産の保存と活用においてダイビングサービスと考古学者の協力関係があることが多い（中西ほか 2017）。バイアでは、国直営のバイア事務所が提供する有償トレーニングコースを修了したガイドを擁し、その他の条件も満たすダイビングサービスをバイア事務所に登録して見学者の案内を許可する仕組みをとる。シチリアでは、政府の水中文化遺産担当部局と各地の水中文化遺産の地元ダイビングサービスとが契約を結び、見学者の案内を許可する仕組みをとる。両者に共通するのは、地元ダイビングサービスとの協力関係を築き、その協力関係にあるダイバーたちに一定のトレーニングを提供していることにある。その一方で、この2つの事例で大きく異なるのは、費用負担と管理体制である。費用については、バイアではトレーニングコースの受講や、1回あたりゲストダイバーを遺跡見学に案内するたびに、ダイビングサービスには国へ納める費用負担がある（詳細は本書第4章参照）。その費用は遺跡の調査やメンテナンスなど、保護と公開活用体制の継続に必要な費用にあてられる。シチリアでは、認定やトレーニングの提供に対して、ダイビングサービス側の費用負担は発生しない。代わりに、メンテナンスや調査の際に必要な水中作業などの労力を無償で提供している。また、管理体制において、バイアではダイビングに訪れるダイバーの数や予約についても、すべてバイア事務所が管理している。一方でシチリアでは、基本的に認定をしたダイビングサービスの裁量に任されている（詳細は本書第3章参照）。もちろん、当該水中文化遺

産の活用について、海事文化遺産局の方針と矛盾しないことは契約
のなかで明記されている。⁽²⁾

日本の事例

　日本国内においても、久米島（片桐ほか 2012）や石垣島（中西
ほか 2018）で、実験的な水中文化遺産見学会や公開が、島内のダ
イビングサービスの協力を得て実施されているように、沖縄をはじ
めその取り組みは進められている。神奈川県の小田原市石橋には江
戸城の石垣に利用される予定であった巨大な石材が、沿岸部に点在
しており、その近世の水中文化遺産を見学し、学ぶことに特化し
た、ダイビングのスペシャリティコースを提供するダイビングサー
ビスもある。

遺跡の価値づけとその普及

　レックダイビングは一般的にも人気の高いダイビングであるが、
クレタ島での事例に見られるように考古学者が関わることのない沈
没船遺跡や、そこでの歴史的背景や遺跡の価値についての情報提供
がない一般的なレジャーダイビングでは、文化遺産の価値について
理解を得ることが難しく、その普及や保護につなげづらい。そこに
気づいたマルタでは、ダイビングサービスが独自にレックダイビン
グに利用していた水中文化遺産に対しても、ダイビングサービスと
も協力や交渉をしつつも政府に準ずる機関の管理下に置く保護の仕
組みを立ち上げつつあった。ギリシャでは保護対象にあるものとそ
うでないものへの対応の違いが明確にあり、それは一般的なダイビ
ングサービスにも浸透している。これまでも自由にダイビングして

よい沈没船とそうでない沈没船が明確に認識されてきたが、アクセスが制限されてきた保護対象にあるものについても、今まさに、公開活用を進める方向へ舵を切ったところであった。そのシステムについてはイタリアのそれとは異なり、レジャーダイビングのダイビングサービスの関与ではなく、政府の水中文化遺産局に所属するダイバーによるガイドのもとで見学する方法であった。

水中考古学者の役割

遺跡の価値を適切な調査研究を経て評価し、さらに将来的な保護を視野に入れた普及活用を進める必要がある。この手順は極めて重要であり、ここに考古学者が積極的に関与するべき点がある（中西・片桐 2017）。ギリシャでは、これまで水中文化遺産局を中心に実施してきた調査研究成果の積み重ねがある。素材として活用する対象となりうる水中文化遺産にも恵まれている。そして今、保護するためにアクセスを制限することで遺跡に与える影響を最小限に留める方針から、あえて積極的に活用することで、人々の意識を高めていくことで保護へつなげる方針へと舵を切ることにした。これにあたり、慎重に対応を進めなければ、水中文化遺産は利用されて疲弊し、破壊へとつながりかねない課題は多くある。

　私たち研究チームは、石垣島の屋良部沖海底遺跡での実践を経て、地元との連携を礎にした水中文化遺産の持続的な活用に向けてのモデルを提示した（中西ほか 2018）。屋良部沖海底遺跡では、近世の壺屋焼の壺を積載した沈没船と8つの四爪鉄錨が海底に分布している。石垣市教育委員会、地元のダイビングサービスをはじめさまざまな方々から協力を得ながら、東海大学の小野林太郎氏（現国

立民族学博物館）を中心とするプロジェクト研究のなかで、2012
年より調査研究から公開活用まで一貫して取り組んできた（小野ほ
か 2013・2018、中西ほか 2018）。遺跡の調査を実施し、価値を明
らかにした上で、それを日々海に接している地元ダイビングサービ
スに知ってもらう。そして、その価値を広く海を訪れる人々に知っ
てもらうこと、また保存状態の継続的な観察をすること、を実践し
てもらう。それを目標に、地元ダイビングサービスを対象に見学会
や水中文化遺産についての講習会、意見交換、屋良部沖海底遺跡を
ゲストダイバーにガイドするためのブリーフィング資料の提供など
を実施してきた。資料には、九州大学浅海底フロンティア研究セン
ターの菅浩伸氏が作成した詳細な海底地形図に、壺の集積や錨の位
置を記入した。これで、海底の地形をよく知る地元のダイバーは、
初めてでも遺跡に確実にたどり着くことができる。2 度の見学会を
経て、現在はこれまでの取り組みに参加・協力したダイビングサー
ビスが中心となり、屋良部沖海底遺跡での水中文化遺産見学ダイビ
ングが実施され続けている。

持続可能な保護活用モデルの提案

　1 件の水中文化遺産にたいして、最初のステップは、学術的な調
査を実施し、研究を重ね遺跡の価値を把握することである。この最
初のステップにおける現地調査の段階で地元ダイビングサービス
（以下「DS」という）の協力を得ることにより、次のステップへの
きっかけとなる。ステップ 2 は、地元 DS への価値普及・トレーニ
ングとネットワーク構築をめざす。それにより、水中文化遺産保護
に参加する DS の質を担保し、意識を高めることをめざす。ステッ

表 8-2　持続可能な水中文化遺産活用のモデルケース

	STEP	課　題
STEP 1	・地元 DS の調査作業補助による子細な調査研究	・悉皆調査や詳細確認調査という遺跡の価値評価に必要なプロセスに伴う負担
STEP 2	・地元 DS への価値普及 ・トレーニングとネットワーク構築	・水中文化遺産保護に参加する地元ダイビングサービスの質的担保 ・トレーニング、学習機会、ツール等の提供方法 ・アクセスを限定する制度の採否
STEP 3	・利用することによる価値の上昇 ・モニタリング	・見学者増により起こりうるリスクの軽減 ・遺跡のモニタリング作業の負担
STEP 4	・利用者たちが主体のルールづくり	・水中文化遺産保護によるメリットの認識 ・地元ダイビングサービスの負担と責任感 ・持続可能性
地元教育委員会の受け皿		

　プ2が進み、水中文化遺産へのダイビングが増えると、ステップ3の見学者の増加によるリスクやモニタリング作業の負担が課題となる。ステップ2で地元 DS の質が担保されていれば、それらの DS が遺跡を利用することによって、水中文化遺産の価値が上昇し、さらに人目に常にさらされることによりモニタリング効果が得られる。最後のステップ4は利用者たちが主体のルールづくり、をめざすというステップが考えられる。これらのステップを支えるためには、モニタリングの際に遺跡に変化が認められ、これまでの状態とは違うことが見つかったときやルール違反を見つけたときの報告先として、地元の文化財を所管する教育委員会の受け皿が必須となる。

　私たちは、水中文化遺産の保護に協力するプロのダイバーたち

や、理解を示し適切に鑑賞するレジャーダイバーを増やし、この二
者にモニタリングを担ってもらいながら水中文化遺産の活用を進め
るのが最も有効で持続可能な形であると考えている。こうすること
によって、日本でも活動している NAUI や PADI といった国際的
なダイビング技術の指導団体とも連携し「水中文化遺産ダイビン
グ」のスペシャリティコースを創設するなどし、4つのステップの
最終段階、利用者たちが主体のルールづくり、を促し、持続させる
枠組みを構築しうるだろう。

水中文化遺産の未来

　仕組みが整えば、水中文化遺産は教育や観光などさまざまな分野
で活用しうる資源となるに違いない。ただ、活用することが水中文
化遺産の保存に大きなネガティブインパクトをもたらすようでは、
活用する対象が滅失してしまう日もそう遠くなく訪れる。取り返し
のつかない事態を避けるためにも、1つずつ慎重に課題を解決して
進めながら取り組んでいくことが重要である。

　2001 年のユネスコ総会で採択されたユネスコ水中文化遺産条約
の定義をも鑑みるなかで、いま、第一次世界大戦から 100 年以上が
過ぎ、第二次世界大戦からの 100 年をも目前にし、世界史のなかで
記憶や記録から消してはならない重要な出来事に関わる膨大な量の
水中文化遺産が、国際的に保護するべき対象となる事態が見えはじ
めている。条約のなかで水中文化遺産は国際的な共有財産であり、
調査や遺跡に関わるすべての行動は国際協力体制のもとに実行され
るべきであるとの姿勢が示されている。沿岸地域の国家における沈
没船をはじめとする国際水域での調査成果などは、特に文化圏を共

有する近隣国家間や、文化遺産が本来帰属していた国家間では報告、共有されなければならない。そしてこれらのすべての活動は、専門家によって高度なレベルで実施されるべきである。また、原則として現状維持が望ましいという方針を受けて、水中文化遺産をコンテクストから切り離して水中から引き揚げることは控え、海底などでの遺跡公園としての現地公開をめざす事例は多い。これらの水中文化遺産の保存と活用を持続可能な形で併存させていくための水中文化遺産保護制度の構築に向け、本書がその一助となればたいへん幸いである。

註

（1）クレタのディア島の沈没船（第7章）は、法的保護の対象になっておらず、水中文化遺産として管理されているわけではない。詳細は第7章を参照されたい。

（2）契約の詳細については、中西ほか 2017 に参考資料として実際の契約書の抜粋を添付しているので参照されたい。

（3）遺跡の詳細については、小野ほか 2013、Ono et al. 2016 を参照されたい。

関連年表

年代	ギリシャ	イタリア半島	シチリア島	マルタ島	その他の地域
前10000	旧石器時代				
前7000	初期新石器時代 6500頃 農耕牧畜経済の受容				
前5000		新石器時代～金石併用時代	ジェヴェーゼ洞窟の壁画	前4500～2000頃 巨石神殿群	
前3000	青銅器時代 キクラデス文明				エジプトに統一国家
前2000	クレタ文明、宮殿の誕生 **メソニ湾の沈降集落遺跡（第2章）** 1700頃 ミノア文明最盛期（～前1500頃） 1650頃 ギリシャ本土でミケーネ文明の始まり 1628 サントリーニ島の爆発 1450頃 クレタ島の宮殿崩壊、クレタのミケーネ化 1300頃 ミケーネ文明最盛期 1250頃 トロイア戦争 1200頃 ミケーネ諸宮殿の崩壊	新石器時代～金石併用時代	青銅器時代		ヒッタイト建国
前1000	ポリス成立 ホメロス叙事詩の成立	鉄器時代		フェニキア人移住	
前800	776 オリンピア競技会開始	753 伝承によるローマ建国		ギリシャ人移住	
前700	750頃 海外植民活動がさらに盛んになる（～550頃）、スパルタ成立	750頃 ギリシャの植民市（ポリス）が建設される	ドーリア人によるシラクーサ建設		722 アッシリアのオリエント統一

年代	ギリシャ	イタリア半島	シチリア島	マルタ島	その他の地域
前600			アグリジェント建設		
前500	ペルシャ戦争開始（〜前449）	509 伝承による共和制ローマの成立			
	480 テルモピュレーの戦い、サラミスの海戦	494/493 ローマで平民会、護民官の設置			
	460 第一次ペロポネソス戦争勃発（〜前446）				
	447 パルテノン神殿建設開始（〜前432）				
	431 第二次ペロポネソス戦争（〜前404）				
	415 アテネがシチリア島へ遠征（〜前413）		411 カルタゴ軍シチリア侵攻、ヒメラを占拠	この頃からカルタゴによる支配	
	404 アテネが降伏し、ペロポネソス戦争終結		403 シラクーザのデュオニシオス1世、シチリア諸ポリスを従属させシチリア全島を支配		403 中国、戦国時代（〜前221）
前400	360/359 マケドニア王フィリッポス2世即位	390頃 ガリア人、イタリアに侵入し、ローマを焼く			
	336 アレクサンドロス3世（アレクサンドロス大王）がマケドニア王位につく	348 ローマ、カルタゴと同盟			
	334 アレクサンドロス大王の東方遠征開始（〜前324）				

331 エジプトにアレクサンドリア建設	
331 ガウガメラの戦いでペルシャ軍を破る	
323 アレクサンドロス大王、バビロンに帰還後没、後継者争い始まる	
301 ヘレニズム4王国成立	
	290 サムニウム人とローマとの講和成立、中部イタリアにおけるローマの支配が確立される
	282 ローマ、ギリシャ植民ポリスのタラス（タレントゥム）と開戦
	270年代初 タラスがローマに降伏、ローマのイタリア半島征服が完了
	264 第一次ポエニ戦争（〜前241）
267 アテネとスパルタが同盟	
261 アテネが降伏、マケドニア軍駐留	
	241 ローマの第一次ポエニ戦争勝利（エガディ海戦）、シチリアを領有
238 アカイア連邦・アイトリア連邦連合軍とマケドニアの間でデメトリオス戦争勃発（〜前229）	
	227 ローマ、シチリアとサルデーニャ・コルシカを最初の属州とする
	227 ローマの属州となる

前'300

年代	ギリシャ	イタリア半島	シチリア島	マルタ島	その他の地域
			カルタゴ司令官ハンニバルが		前221 秦、中国を統一（～前206）
	214 マケドニア戦争、フィリッポス4世ローマと開戦（～前168）	218 第二次ポエニ戦争（～前201）アルプスを越え、北イタリア侵入 218 クラウディウス法制定。元老院の交易を抑制（～前168）			
前200	192 アカイア連邦がスパルタ併合	201 カルタゴとローマが講和、第二次ポエニ戦争の終結		ローマによる支配	前202 漢（前漢）建国（～後8）
	171 第3次マケドニア戦争（～前168）				
	168 ピュドナの戦い、ローマがマケドニアのペルセウスを破る 146 ローマ、コリントを破壊。マケドニアとギリシャがローマの属州となる	ローマ、カルタゴを破壊。属州アフリカを設置	135 第1回シチリア奴隷蜂起（～前132）		
		133 グラックス兄弟の改革（～前121）	104 第2回シチリア奴隷蜂起（～前99）		
前100	73 スパルタクスの反乱（～前71）	59 第1回三頭政治（～前53） 58 カエサル、ガリア征服（～前51）	カラ・ミノラ沈没船遺跡（第3章）		

49 カエサル、ルビコン川を渡りローマに進撃
48 ファルサロスの戦い、カエサルがポンペイユスらを破る　ポンペイユスがエジプトで殺害される
46 カエサルが10年任期の独裁官となる
44 カエサルが暗殺される
43 第2回三頭政治（〜前31）
31 アクティウムの海戦。オクタヴィアススがアントニウス=クレオパトラ連合軍を敗る
30 プトレマイオス朝エジプトの滅亡。エジプトがローマの属州となる
27 オクタヴィアヌス、元老院よりアウグストゥスの称号を受ける。帝政ローマの開始

14 アウグストゥス没

パレア遺跡（第4章）

48 パウロによるエーゲ海沿岸都市へのキリスト教布教

64 ネロ帝、ローマの大火を機にキリスト教徒の追害を開始

紀元

この頃イエス・キリストが生まれる
25 後漢建国（〜220、中国）
30 イエス・キリストが十字架にかかる

年代	ギリシャ	イタリア半島	シチリア島	マルタ島	その他の地域
				この頃イエス・キリストの教えを宣教するパウロが上陸	
		79 ヴェスヴィオ火山の噴火。ポンペイ、ヘルクラネウムなど埋没			
		96 ネルヴァ帝即位、五賢帝時代(~180)			
100	100 トラヤヌス帝のもとでローマ帝国の最大版図に				
	123 ハドリアヌス帝による東方諸属州訪問開始	180 マルクス・アウレリウス・アントニヌス帝没			184 黄巾の乱(中国)
		193 セプティミウス・セウェルス帝、軍隊により皇帝に擁立			193 邪馬台国女王卑弥呼、魏に遣使(日本)
200	この頃よりゴート人のエーゲ海域進出開始	212 カラカラ帝、帝国の全自由民にローマ市民権賦与	**マルザメーミ沖の石柱の沈没船(第5章)**		220 魏蜀呉 三国時代(中国)
	サビニャッツァ島の石棺の沈没船(第5章)	235 軍人皇帝時代(~284)			226 サーサン朝建国(~651)
	253 ゴート人によるテサロニキ包囲				
	284 ディオクレティアヌス帝、軍隊により皇帝に即位、ニコメディア				
	293 ディオクレティアヌス帝、帝国四分統治体制樹立				
300	303 キリスト教徒への迫害激化(最後の迫害)				
	305 ディオクレティアヌスとマクシミアヌスが退位				
	311 ガレリウス帝キリスト教への寛容令				
	313 コンスタンティヌス帝、ミラノ勅令によりキリスト教公認				

		481 フランク王国建国
		568 ランゴバルド王国建国
		661 ウマイヤ朝成立（～750）
		711 西ゴート王国滅亡
		750 アッバース朝成立（～1258）

324 コンスタンティヌス帝、ローマ帝国再統一
325 ニケーア公会議。アリウス派が異端とされる
330 コンスタンティヌス帝、ビザンティオンに遷都、コンスタンティノポリスと改名
361 ユリアヌス帝即位（～363）、異教復興
375頃 ゲルマン民族大移動を開始
380 テオドシウス帝、カトリック派キリスト教を国教化
395 テオドシウス帝没、ローマ帝国東西に分裂
396 アラリックによりアテネ陥落

400

401 アラリックの指揮下、西ゴート族がイタリアに侵入。西ローマ帝国、首都をラヴェンナに移す
418 西ゴート王国建国（～507）
476 西ローマ帝国滅亡
493 イタリアに東ゴート王国を建国（～552）

500

527 東ローマ帝国ユスティニアヌス帝即位
554 全イタリア、ビザンツ帝国の支配下に帰す

600

663 ビザンツ皇帝コンスタンス2世、南イタリア遠征失敗

700

751 ランゴバルド王に敗北。ヴェネツィアをのぞき北イタリアからビザンツ領消滅
756 フランク王ピピン、北イタリアの旧ビザンツ領をランゴバルド王から奪い、教皇ステファヌス3世に寄進。教皇領の起源とされる
774 フランク王カール1世（大帝）ランゴバルド王国を征服

年代	ギリシャ	イタリア半島	シチリア島	マルタ島	その他の地域
800	824 クレタ島がスペインからきたアラブ人により占領（～961）	781 カロリング朝イタリア王国成立 800 カール1世（～814）、西ローマ帝冠を受ける 846 イスラム勢力、ローマを攻撃	800 北アフリカにアグラブ朝成立（～909） 824 アグラブ朝、シチリア征服を開始 831 アグラブ朝、パレルモを占領	870 イスラムの侵攻	
900	911 クレタ島奪回開始（～961）、奪回に成功 992 ヴェネツィア商人、ビザンツ皇帝より貿易上の特権を獲得		902 アグラブ朝、タオルミーナを占領し、シチリア全域を支配 915 北アフリカにファーティマ朝成立（～1171）、シチリア島に総督を派遣 948 カルブ朝時代開始（～1040） 970 シチリア総督アブー・アルカシムがファーティマ朝より自立		
1000	1054 東西キリスト教会の最終的分裂	1046 パーヴィア教会会議、ハインリッヒ3世、皇帝戴冠 1059 ローマ教会会議で教皇選挙制を確立	1044 シチリアのカルブ朝滅亡 1059 教皇ニコラウス2世がロベール・ギスカールから誠実宣誓を受け、ギスカールをプーリア公・カラブリア公とする		

1127 ノルマン人の侵攻

1061 ロベール・ギスカール、弟のロジェール（ルッジェーロ）1世と共にシチリア征服を開始
1072 ルッジェーロ1世とロベール・ギスカール、パレルモを征服
以後、ルッジェーロ1世、シチリア征服を進める
1088 シチリア伯ルッジェーロ1世、シチリア島の征服を完了
1105 ルッジェーロ2世、シチリア伯となる
1130 ルッジェーロ2世即位。ノルマン王朝（両シチリア王国）成立

1071 ロベール・ギスカール、バーリを占領。ビザンツ帝国、南イタリアにおける支配領域を喪失
1075 教皇グレゴリウス7世と皇帝ハインリッヒ4世との対立が先鋭化。叙任権闘争の開始
1076 グレゴリウス7世、ハインリッヒ4世を破門・廃位の宣言
1077 カノッサの屈辱。ハインリッヒ4世、贖罪をおこない、教皇グレゴリウス7世から破門を解除される
1088 教皇ウルバヌス2世即位
1095 教皇ウルバヌス2世、クレルモン公会議で十字軍遠征を決議
1096 第1回十字軍（～1099）
1123 シチリア伯ルッジェーロ2世、南イタリア征服に着手
1127 ルッジェーロ2世、アーリア公を継承
1138 コンラート3世、ドイツ国王に即位。ホーエンシュタウフェン朝を創始
1140 ルッジェーロ2世ナポリに入城。シチリア王国の確立

1100

年代	ギリシャ	イタリア半島	シチリア島	マルタ島	その他の地域
		1155 ドイツ王フリードリッヒ1世（バルバロッサ）、皇帝戴冠	1186 フリードリッヒ1世の息子ハインリッヒ6世、シチリア王女コスタンツァと結婚		1147 第2回十字軍（～1149）
		1189 第3回十字軍（～1192）	1191 ハインリッヒ6世、ナポリ包囲失敗。シチリア王に即位		
		1191 ハインリッヒ6世、ローマで皇帝戴冠	1194 ハインリッヒ6世、パレルモ入城。シチリア王に即位		
		1197 ハインリッヒ6世没			
		1198 インノケンティウス3世、教皇に即位。ハインリッヒ6世の息子、シチリア王フェデリコ1世の後見、摂政となる			
1200	1204 コンスタンティノープル陥落、ラテン帝国成立。テサロニキ王国、アテネ公国成立	1202 第4回十字軍（～1204）			1215 マグナカルタ（英国）
		1220 フェデリコ1世、ローマでフリードリッヒ2世として皇帝戴冠	1220 フリードリッヒ2世として皇帝戴冠		
		1227 教皇グレゴリウス9世、フリードリッヒ2世を破門			
		1228 フリードリッヒ2世、第5回十字軍に出発（～1229）			
		1229 フリードリッヒ2世がエルサレム王となる			
		1250 フリードリッヒ2世没	1258 マンフレディ、シチリア王となる		
			1266 シャルル・ダンジュー、ベネヴェントでマンフレディを破り、シチリア王カルロ1世となる		
	1278 シチリア＝ナポリ王シャルル・ダンジューがアカイア公となる				

	オスマン帝国・ビザンツ	イタリア諸都市	シチリア・スペイン	ヨーロッパ・世界
1300	このころ、オスマン帝国が西アナトリアに進出。ビザンツ帝国領土を蚕食	1284 メローリアの海戦。ピサがジェノヴァに大敗	1282 シチリアの晩祷。アラゴン王ペドロ3世、ピエトロ1世としてシチリア王に即位	
	1335 テッサリア全土がビザンツ帝国に制圧される	1294 マルコ・ポーロ、東洋から帰国		1339 百年戦争始まる（～1453）
	1387 オスマン帝国軍テサロニキ攻略	1310 ヴェネツィアで十人委員会設置		1348頃～ ペストの大流行
	1394 オスマン帝国軍コンスタンティノープル包囲（～1402）			
1400		1406 フィレンツェ、ピサを征服		
		1434 コジモ・ディ・メディチがフィレンツェの実権を掌握		
		1438 フェッラーラで東西両教会合同のための公会議開催		
		1442 アラゴン王アルフォンソ5世（シチリア王国アルフォンソ1世）、ナポリ王位を兼ねる		1455 バラ戦争（～1485）
	1453 オスマン帝国軍によるコンスタンティノープル陥落。ビザンツ帝国の滅亡		1479 スペインの支配下に	1479 スペイン王国成立
	1456 オスマン帝国軍、アテネ占領			1494 トルデシリャス条約
	サピエンツァ島の右柱の沈没船（第6章）			
1500		1503 ヴェネツィア、オスマン帝国と講和し、レバント地域を放棄		1516 ハプスブルク家のカール1世、スペイン王となる（カルロス1世）

年代	ギリシャ	イタリア半島	シチリア島	マルタ島	その他の地域
					1519 皇帝カール5世即位
	1522 スレイマン1世によるロドス及び周辺島嶼征服、聖ヨハネ騎士団ロドスより撤退	1521 皇帝カール5世とフランス王フランソワ1世との間にイタリア戦争			
		1544 皇帝カール5世とフランソワ1世、クレピーの和約		1530 聖ヨハネ騎士団が移住	1534 イギリス国教会成立
		1552 カール5世、フランス王アンリ2世と会戦、イタリア戦争			
	1571 ヴェネツィア、キプロス島をオスマン帝国に奪われる。レパントの海戦			1565 オスマン帝国の侵攻、マルタ包囲戦	
	1573 ヴェネツィア、オスマン帝国と和平し、キプロスを譲渡				1588 スペイン無敵艦隊、イギリス攻撃に失敗
1600		1633 ガリレオ・ガリレイ、異端審問で有罪判決	1647 パレルモの反乱		
	1645 ヴェネツィア、オスマン帝国にカンディア戦争（クレタ戦争、～1669）		1672 メッシーナの反乱（～1678）		
	1669 ヴェネツィア、クレタ島を失う				
	1699 ヴェネツィア、カルロヴィッツ条約でモレーア（ペロポネソス半島）取得				
1700			1713 サヴォイア公がシチリア王となる		
	1714 オスマン帝国、ヴェネツィア支配下のモレーアを攻撃				

18世紀中頃　産業革命始まる（英）

1804　ナポレオン皇帝即位（仏）

1717　スペイン、サルディーニャ島を奪回

1718　ヴェネツィア、パッサロヴィッツ条約でモレーア領土を失うが、ダルマツィアで領土回復

1718　スペイン、シチリア島を奪回
1719　オーストリア軍、シチリア島占領

1720　ハーグ条約。オーストリアがシチリア王国を領有。サヴォイア家がサルディーニャ島を得る

1733　サルディーニャ王国カルロ・エマヌエーレ3世がミラノ占領

1734　カルロ、ナポリ王国と両シチリア王国を征服し、両シチリア王国を名乗る

1738　ウィーン条約でナポリ王国・シチリア王国はブルボン家カルロ王のもとで独立広告となる

1796　ナポレオン、イタリア遠征開始

1796　エジプト遠征へ向かう途中のナポレオンにより占領

1797　フランス軍、ヴェネツィア攻撃。カンポフォルミオ条約により、オーストリアが旧ヴェネツィア共和国領取得

1798～1800　フランス占領下

1800～1813　イギリス支配

1811　イギリス全権大使ベンティンク、シチリア王国に着任
1812　シチリア王国憲法制定

1815　イタリア統一運動（～1871）
1816　ナポリ王国とシチリア王国を合わせた「両シチリア王国」誕生。初代国王フェルディナンド1世
1817　オーストリア軍、両シチリア王国から撤兵

ディア島の蒸気船（第7章）

1800

年代	ギリシャ	イタリア半島	シチリア島	マルタ島	その他の地域
	1821 ギリシャ独立戦争開始 (〜1829)		1820 パレルモで民衆反乱。シチリアの自治を要求		1852 フランス、第2帝政 (〜1870)
		1846 ヴェネツィアと本土を結ぶ鉄道開通	1860 ガリバルディ遠征隊、マルサラに上陸、シチリアの独裁権掌握を宣言		1853 クリミア戦争 (〜1856)
			1862 シチリア王国の総督制廃止		1866 プロイセン=オーストリア戦争
		1870 イタリア王国軍、ローマ占領。首都をローマに移転			1868 明治維新(日)
		1878 国王ヴィットーリオ・エマヌエーレ2世没			
		1890 イタリア、エリトリアを植民地化			
1900					1904 日露戦争 (〜1905)
					1914 第一次世界大戦勃発 (〜1918)
		1915 イタリア、連合国側に参戦			1917 三月革命、帝政滅ぶ (露)
		1919 パリ講和会議、ヴェルサイユ条約			1920 国際連盟成立 (〜1946)
		1922 ファシスト系「全国労働組合連合」設立。ムッソリーニ内閣成立			
		1925 ムッソリーニ、議会演説で力による支配を宣言。ファシズム体制の建設始まる。			1933 ナチス政権成立 (独)
		1939 第二次世界大戦勃発 (〜1945)			

1945 サンフランシスコ会議、国際連合成立	

ブリストル・ボウファイター（第7章）

1964 英連邦王国自治領マルタ国としてイギリスから独立（1975〜はマルタ共和国に）

参 考 文 献

【和文】

小野林太郎・片桐千亜紀・坂上憲光・菅浩伸・宮城弘樹・山本祐司　2013
「八重山における水中文化遺産の現状と将来—石垣島・屋良部沖海底遺跡を中心に—」『石垣市立八重山博物館紀要』第22号。

小野林太郎・木村淳編　2018『屋良部沖海底遺跡調査報告』東海大学海洋学部海洋文明学科。

片桐千亜紀・山田浩久・崎原恒寿・中島徹也・宮城弘樹・渡辺芳郎　2012
「久米島の水中文化遺産見学会報告～海底遺跡ミュージアム構想の実践～」『沖縄県立博物館・美術館　博物館紀要』第5号、沖縄県立博物館・美術館。

北原敦（編）　2008『イタリア史』新版世界各国史15、山川出版社。

クタンセ、シリル P.（大塚宏子訳）　2016『ヴィジュアル版　海から見た世界史　海洋国家の地政学』原書房。

小池和子　2020『カエサル—内戦の時代を駆けぬけた政治家』岩波新書。

桜井万里子（編）　2005『ギリシア史』山川出版社。

周藤芳幸　1997『世界の考古学③　ギリシアの考古学』同成社。

周藤芳幸　2005「第一章　ギリシア世界の形成」桜井万里子（編）『ギリシア史』山川出版社、pp. 15-50。

東京国立博物館編　2016『特別展　古代ギリシャ—時空を超えた旅—』展覧会図録。

外山三郎　1982『近代西欧海戦史—南北戦争から第二次世界大戦まで』原書房。

中西裕見子・片桐千亜紀・Angeliki G. Simosi・Panagiota Galiatsatou・Anastasia Mitsopoulou・Ilias Kouvelas・Kostas Kaldis　2018「ギリシャの水中文化遺産保護」『考古学研究』259：11-15。

中西裕見子・片桐千亜紀・Sebastiano Tusa・Floriana Agneto・Pietro

　　Selvaggio　2017「シチリアにおける水中文化遺産の保護と公開活用の展開」『沖縄県立博物館・美術館，博物館紀要』No. 10：19-42。

中西裕見子・片桐千亜紀・菅浩伸・坂上憲光・小野林太郎・島袋綾野 2018「沖縄海域における海底遺跡ミュージアム構想の実現に向けた屋良部沖海底遺跡での実践」『南島考古』第37号：49-64。

中平　希　2018『ヴェネツィアの歴史　海と陸の共和国』創元社。

南西諸島水中文化遺産研究会（編）　2014『沖縄の水中文化遺産─青い海に沈んだ歴史のカケラ』ボーダーインク。

野上建紀・ペトレッラ、ダニエレ　2007「バイア海底遺跡見学記」『金沢考古』59：26-31。

ホメロス『イリアス』上・下、新潮文庫。

ホメロス『オデュッセイア』上・下、新潮文庫。

松本宣郎・牟田口義郎　1992『地域からの世界史10　地中海』朝日新聞社。

本村凌二・中村るい　2012『古代地中海世界の歴史』ちくま学芸文庫。

モンタネッリ、インドロ（藤沢道郎訳）　1979（2016改訂）『ローマの歴史』中公文庫。

ユレ、ジャン（幸田礼雅訳）　2013『シチリアの歴史』白水社。

琉球新報　2013「水中遺産に感動　海底に中国製陶磁器」（2013年10月10日）。

【欧文】

Foutakis, P. 2005 'The Granite Column in Modon: How to make a stone say what you want it to say!' *Oxford Journal of Archaeology*, 24(1)89-105.

Georgopoulos, P. and Fragkopoulou, T. 2013a 'Underwater Archaeological Parks in Greece: The cases of Methoni Bay-Sapienza Island and Northern Sporades, from a Culture of Prohibition to a Culture of Engagement.' 2013 *Underwater Archaeology Proceedings*. pp. 191-196.

Georgopoulos, P. and Fragkopoulou, T. 2013b Underwater Archaeology in Greece. *MAHS News* Spring 2013：1-7.

Gkionis, P. 2013 'The GE.N.Esis Project Georeferenced Depiction and

Synthesis of Marine Archaeological Survey Data in Greece.' *International Hydrographic Review,* May 2013. pp. 15－36.

Hadnett, C. 2016 *Wrecks - A Maltese Collection.* Malta.

Henderson, D. 2011 'Pavlopetri: A window on to Bronze Age suburban life.' *BBC Magazine.* 8 October, 2011.

（https://www.bbc.com/news/magazine-15191614 accessed 22 September, 2019）

Kan, H. et al. 2018 Assessment and Significance of a World War II battle site : recording the USS Emmons using a High-Resolution DEMcombining Multibeam Bathymetry and SfM Photogrammetry. *International Journal of Nautical Archaeology.*

Katagiri, C., Yamamoto, Y. and Nakanishi, Y. 2014 'Distributional Survey of Underwater Cultural Heritage and its Experimental Presentation in the Ryukyu Archipelago.' In H. V. Tilburg, et al. (eds.) *Proceedings of the 2nd Asia-Pacific Regional Conference on Underwater Cultural Heritage.* pp.655－668.

Kraft, J. C. and Aschenbrenner, S. E. 1977 'Paleogeographic Reconstructions in the Methoni Embayment in Greece.' *Journal of Field Archaeology,* Vol. 4, No. 1. pp. 19－44.

Maione, V. 2016 *Parco Archeologico Sommerso Di Baia.* Valtrendo editore.

Marangou, C. 2015 Greece. *The European Archaeologist* 44: 41－53.

Nakanishi, Y., Ono, R., Katagiri, C., Sakagami, N. and Tetsu, T. 2020 Pursuing Sustainable Preservation and Valorisation of Underwater Cultural Heritage : Okinawa's Pilot Project for an Underwater Site Museum. in *IKUWA 6. Shared Heritage : Proceedings of the Sixth International Congress for Underwater Archaeology.* pp.292–300

Ono, R., C. Katagiri, H. Kan, N. Nagano Y. Nakanishi, Y. Yamamoto, F. Takemura and M.. Sakagami 2016 Discovery of Iron Grapnel Anchors in Early Modern Ryukyu and Management of Underwater Cultural Heritages in Okinawa, Japan. *International Journal of Nautical Archaeology* 45. 1: 75－91.

Simosi, A. 2017 *The works of the Ephorate of Underwater Antiquities for the years 2015–2016.* (Presentation)

Soprintendenza del Mare 2009 *Manutenzione degli itinerari culturali subacquei della soprintendenza del mare–norme di progettazione e fruizione.* Palermo; Regione Sciliana, Assessorato dei beni culturali e dell'identità siciliana.

Theodoulou, T., Foley, B., Evaggelistis, D., Koutsouflakis, G., Sakellariou, D. and Tourtas, A. 2015 'Crete Project 2011: Underwater Archaeological Survey at the area off Heraklion and Dia Island. A Preliminary Report.' In N. Karanastasi, et al. (eds.) *Archaeological Work in Crete 3: Proceedings of the 3d Meeting.* pp. 615–625.

Throckmorton, P. and Bullitt, J. M. 1963 Underwater Surveys in Greece : 1962. *Expedition Magazine* 5. 2: 16–23.

Tusa, S. 2009a The "ARCHAEOMAP"project. In S. Tusa and G. Brancato (eds.), *ARCHAEOMAP archaeological management policies.* Palermo ; Regione Siciliana, Assessorato dei beni culturali e dell'identità siciliana. Chapter 1. 1: 17–22.

Tusa, S. 2009b The sea of Egadi. In S. Tusa and G. Brancato, (eds.), *ARCHAEOMAP archaeological management policies.* Palermo ; Regione Sciiliana, Assessorato dei beni culturali e dell'identità siciliana. Chapter 2. 1: 25–40.

Tusa, S. 2009c Research, Protection and Evaluation of Sicilian and Mediterranean Marine Cultural Heritage. *Conservation Science in Cultural Heritage.* 9–1: 79–88.

Tusa, S. and Zangara, S. (3rd eds.) 2015 *Itinerari Culturali Subacquei in Sicilia.* Palermo; Regione Siciliana, Assessorato dei beni culturali e dell'identità siciliana.

Voudouri, D. 2010 Law and the Politics of the Past: Legal Protection of Cultural Heritage in Greece. *International Journal of Cultural Property* 17: 547–568.

【HP】

バイア海底遺跡公園ホームページ（2019 年 4 月 25 日最終アクセス）

　　http : //www.parcoarcheologicosommersodibaia.it/parco.php?id_lingua=en

外務省ホームページ（マルタ共和国基礎データ）

クレスタ・ダイビング・センター（Cresta Diving Center）ホームページ

　　（2017 年 7 月 21 日最終アクセス）http : //www.crestadivecentre.com/

シチリア州海事文化遺産監督局ホームページ（2018 年 12 月 31 日最終ア

　　クセス）http : //www.regione.sicilia.it/beniculturali/archeologiasottom-

　　arina/sez_itinerari/itinerario_levanzo_calaminnola.htm

あ と が き

　2019 年 3 月 10 日、シチリア州（海事文化遺産監督局）の元局長
であったセバスチャーノ・トゥーザ氏が亡くなられた。彼が搭乗し
ていた、エチオピアのアジスアベバからケニアのナイロビへ向かう
飛行機が墜落した。生存者のいない大惨事となった事故であった。
　本書を書きすすめるなかで届いた、衝撃的な悲報だった。亡くな
られる少し前にも、メールでいろいろなアドバイスをいただき、や
りとりをしていたところだった。長年、拠点を置くシチリアで水中
文化遺産の調査研究に身を捧げ、その先にある保存と積極的な活用
についてシチリアから世界に向けて精力的な発信を続けていた。彼
は大学教員ではなく、私たちのように文化財保護行政の機関に身を
置く考古学者であった。にもかかわらず、国際的に水中文化遺産の
研究および保護のための仕組みづくりにおいて、まさに中心となる
人物であった。このときも彼は、ユネスコによる水中文化遺産の国
際会議の講演に招かれ、ケニア
の沿岸部の町、マリンディへ向
かう途上にあった。66 歳での
他界は早すぎた。あまりにも多
くの画期的な試みを次から次へ
と実現させていった彼の業績に
は、同じ行政機関に身を置く者
として圧倒されるばかりであ

セバスチャーノ・トゥーザ氏

ダニエレ・ペトレッラ氏

る。また、後進の育成にも尽力を惜しまない方だった。本書のための諸処の調査も、彼なしにはなし得なかったものである。

セバスチャーノと私たちを引き合わせてくれたのは、2015年に、バイア水中公園での調査に協力をしてくれた友人であるダニエレ・ペトレッラ氏である。ナポリに拠点を置くダニエレは日本の水中考古学調査にもたびたび協力をしており、日本で知り合った。ナポリ近郊にあるバイア海底遺跡の調査にも参加していたこともあり、多くの関係者と親しく、2015年の夏、バイア遺跡の詳細を案内していただいた。イタリア語がままならない私たちのため、通訳も務めてくれた。おかげでバイア水中公園では、ナポリ考古遺産局から出向いてくれた責任者のルイーザ・ラポーネ氏に加え、現地事務所で日々遺跡のマネジメントに携わる3名の女性職員に詳しく話を伺うことができた。

2016年の夏、私たちは初めてセバスチャーノと、シチリアのパレルモで出会った。まず、セバスチャーノが段取りをしてくれたレヴァンゾ島沖にあるカラ・ミノラ沈没船遺跡へ向かった。彼が海の底にある遺跡を公開するにあたり、最初に取り組みを進めた遺跡の1つであり、ひときわ思い入れが深いという理由だった。水深も深く潮の流れも速い、ダイビング難易度の高い海域にありながら、よい遺跡は積極的に公開するという姿勢にたいへん感銘を受けた。その後、パレルモにある彼のオフィスで、彼の同僚らとともに、局のさまざまな取り組みについて詳しく話を伺った。彼の同僚や部下た

ちが、いかに彼が偉大な人物であるかを語っているときのその熱い
眼差しが忘れられない。その内容の詳細は本書にまとめたとおりで
ある。彼自身も、また彼が亡くなった後も同僚・部下の皆さんが、
調査の継続および本書の執筆にあたり惜しみなく協力してくれた。

　シチリアの調査と同じ夏、シチリアからフェリーに乗って訪れた
マルタでは、マルタ大学のティミー・ガンビン氏にお世話になっ
た。突然のメールでの連絡に、快く対応してくださった。彼とは、
当日の待ち合わせで行き違いがあり、その日は会うことができな
かった。しかしながらそのおかげで、代わりに現地のレックダイビ
ングを提供するダイビングサービスへ出向き、当初は予定になかっ
たそこでの様子も見聞することができた。親切な警備員の方の取り
計らいでガンビン氏と連絡をとることができ、翌日会って話を伺う
ことができた。革新的な取り組みを続けておられるティミー・ガン
ビン氏も、セバスチャーノの友人でもあった。

　シチリアの翌年、2017 年に調査に出かけたギリシャについても、
セバスチャーノの計らいがあり、彼が友人を紹介してくれた。

　ギリシャでの調査に
おいては、彼の友人の
後任であった当時のギ
リシャ水中文化遺産局
（エフォレイト）局長
アンゲリーキ・シモー
ジ氏から全面的な協力
を得た。アテネでは、
施設の見学をはじめ、

ティミー・ガンビン氏（左）

ピュロスにて集合写真、右から２人めがアンゲ
リーキ・シモージ氏

エフォレイトが近年従事してきた調査について、また今後の計画について詳細を伺うことができた。日本人考古学者の訪問は初めてとのこと、身に余る歓迎をしてくださり、お茶と伝統的なパイを何種類もいただいた。職員のお母様が「日本からのお客さんのために！」と焼いてくださったという。特に茄子のパイは忘れられないほど美味しかった。アンゲリーキは、彼女の部下の方々とともに、局の本拠地があるアテネから 270 km 以上離れたペロポネソス半島ピュロスの博物館やサピエンツァ島の海底遺跡までも同行してくれた。ギリシャでは女性の活躍に目を見張ることが非常に多かった。

　これらすべての地での調査は、不思議なほど人と人とのつながりで展開した。最初にバイアを訪れたときは、シチリアやマルタ、ギリシャを訪れることができるとは思ってもみなかった。１つの調査が次の調査地へとつながり、調査計画がみるみる立っていく……見えざる手に導かれているかのような数年間だった。そしてそれが今、この１冊の本へとつながった。

　本書で転載させていただいたシチリアの見学可能な水中文化遺産の地図（図 3-20）については、現在の局長であるセバスチャーノの奥様ヴァレリア・リ・ヴィンニ氏のご厚意により特別に提供していただいた。彼が精力的に取り組んできたこの水中文化遺産への取

り組みについて、筆者らを含め多くの人がその遺志を継ぎさらに展開させていきたいと思っている。本書もその一端を担うことができれば、たいへん幸いである。

　本書はさまざまな方の多大なる協力を得て書き終えることができました。まずは、たび重なる海外調査を快く送り出してくれ、サポートしてくれた家族に心から感謝します。本書の刊行に企画段階から編集者目線での助言をくださり、遅れがちな執筆を辛抱強くこまめに激励してくださった同成社の佐藤涼子氏、編集を担当してくださった三浦彩子氏にも深く感謝しております。調査および執筆にあたり、たいへん多くの方々のご協力をいただきました。ここに記してここから感謝申し上げますとともに、すべての至らぬ点については筆者らに責を負うものです。

　本書には公益財団法人三菱財団による研究助成金を受けた研究プロジェクト「沖縄海域の沈没船遺跡の調査と保存活用を通じた水中文化遺産の国際研究体制の開拓と確立のための基礎研究」（代表：中西裕見子）、東海大学プロジェクト研究「沖縄の水中文化遺産と『海底遺跡ミュージアム』総合プロジェクト」（代表：小野林太郎）、文部科学省科学研究費助成事業基盤研究（C）「琉球列島における西欧沈没船遺跡の実態把握と水中遺跡公園化へ向けた基礎的研究」（代表：片桐千亜紀）、による研究成果を含んでいる。

　以下はお世話になった団体、個人の皆様である（アルファベット・五十音順、敬称略）。心よりお礼申しあげます。

We are most grateful to our friends for their great help, and we could not have completed this book without them.

Atmosphere Blu（Levanzo, Sicilia）、Centro Subacqueo Ulisse
（Baia, Italia）、Centro Sub Campi Flegrei（Baia, Italia）、Cresta Diving Center（St. Julian's, Malta）、Diver's Club Crete（Crete, Greece）、Ephorate of Underwater Archaeology、Hellenic Republic Ministry of Culture and Sports（Greece）、My Island Yacht Club（Pylos, Greece）、Nautilus Marzamemi（Marzamemi, Sicilia）、Soprintendenza per i Beni Archeologici di Napoli e Caserta（Napoli, Italia）、Soprintendenza del Mare, Assessorato Beni Culturali Ambientali e Pubblica Istruzione, Dipartimento Beni, Culturali, Ambientali ed E. P., Regione Siciliana（Sicilia）, University of Malta（Valette, Malta）、NPO法人アジア水中考古学研究所、石橋ダイビングセンター、大阪府教育庁、沖縄国際大学、沖縄県立博物館・美術館、沖縄県立埋蔵文化財センター、九州大学、NPO法人水中考古学研究所、センス・オブ・ワンダー、南西諸島水中文化遺産研究会、フジマリンサービス（当時）、屋良部沖海底遺跡見学会に参加・協力してくださったダイビングサービスの皆さん、琉球大学、Floriana Agneto、Samuele Carannante、Monica D'aniello、Dimitris Drakos、Panagiota Galiatsatou、Timmy Gambin、Conrad Hadnett、Kostas Kaldis、Iias Kouvelas、Carlo Lami、Valeria Li Vigni、Filomena Lucci、Vincenzo Maione、Peppe Malandrino、Anastasia Mitsopoulou、Danielle Petrella、Giuseppe Pisciotta、Luisa Rapone、Pietro Selvaggio、Angeliki G. Simosi、Sebastiano Tusa、Maria Vetrella、赤松佳奈、池田榮史、浦蓉子、小川光彦、奥田智子、小野林太郎、門林理恵子、菅浩伸、木村淳、木村啓章、久貝弥嗣、坂上憲光、崎原恒寿、新里亮人、吹田直子、鉄多加志、野上建紀、林田憲三、林

原利明、藤井成児、松田陽、三瓶裕司、宮城弘樹、宮武正登、向井妙、村田幸雄、森達也、山舩晃太郎、山本祐司、吉崎伸、渡辺美季。

　2020 年 8 月

中西裕見子・片桐千亜紀

■著者略歴■

中西裕見子（なかにし・ゆみこ）

1975 年、生まれ。

ケンブリッジ大学大学院考古・人類学部考古学科修了（MPhil in Museum Studies and Heritage Management）。

現在、大阪府教育庁文化財保護課総括主査（考古学技師）。

〔主要論著〕

「社会構造研究と古墳時代」『古墳時代の考古学 6　人々の暮らしと社会』同成社、pp.141-154（2013 年）。「沖縄海域における海底遺跡ミュージアム構想の実現に向けた屋良部沖海底遺跡での実践」『南島考古』37：49-64（2018 年、共著）。Pursuing Sustainable Preservation and Valorisation of Underwater Cultural Heritage : Okinawa's Pilot Project for an Underwater Site Museum. in *IKUWA 6. Shared Heritage : Proceedings of the Sixth International Congress for Underwater Archaeology.* pp.292-300（2020 年、共著）。

片桐千亜紀（かたぎり・ちあき）

1976 年、生まれ。

沖縄国際大学文学部社会学科卒業。

現在、沖縄県立埋蔵文化財センター主任専門員。

〔主要論著〕

「国頭村宜名真沖で沈没した異国船の調査研究」『博物館紀要』第 6 号、沖縄県立博物館・美術館（2013 年、共著）。『沖縄の水中文化遺産—青い海に沈んだ歴史のカケラ—』南西諸島水中文化遺産研究会編、ボーダーインク（2014 年、共著）。Research on the Wreck Sites, Sea Routes and the Ships in the Ryukyu Archipelago. in *IKUWA 6. Shared Heritage : Proceedings of the Sixth International Congress for Underwater Archaeology*（2020 年、共著）。

世界の考古学 25

地中海の水中文化遺産

2020 年 12 月 8 日発行

著　者	中西裕見子	
	片桐千亜紀	
発行者	山脇由紀子	
印　刷	亜細亜印刷㈱	
製　本	協栄製本㈱	

東京千代田区飯田橋4-4-8
発行所　（〒102-0072）東京中央ビル　　㈱同成社
TEL 03-3239-1467　振替 00140-0-20618

======== 世界の考古学　既刊書 ========

1	アンデスの考古学〔改訂版〕	関雄二	2800円
2	メソアメリカの考古学	青山和夫・猪俣健	2500円
3	ギリシアの考古学	周藤芳幸	2500円
4	エジプトの考古学〔改訂版〕	近藤二郎	2600円
5	西アジアの考古学	大津忠彦・常木晃・西秋良宏	2500円
6	中央ユーラシアの考古学	藤川繁彦編	3200円
7	中国の考古学	小澤正人・谷豊信・西江清高	3200円
8	東南アジアの考古学	坂井隆・西村正雄・新田栄治	3000円
9	東北アジアの考古学	大貫静夫	2700円
10	朝鮮半島の考古学	早乙女雅博	2600円
11	ヴァイキングの考古学	ヒースマン姿子	2500円
12	中国の埋められた銭貨	三宅俊彦	2800円
13	ポンペイの歴史と社会	R. リング（堀賀貴訳）	2700円
14	エジプト文明の誕生	高宮いづみ	2800円
15	人類誕生の考古学	木村有紀	2500円
16	ムギとヒツジの考古学	藤井純夫	3200円
17	都市誕生の考古学	小泉龍人	2500円
18	インダスの考古学	近藤英夫	2000円
19	チンギス＝カンの考古学	白石典之	2500円
20	稲の考古学	中村慎一	2700円
21	文字の考古学 Ⅰ	菊池徹夫編	2500円
22	文字の考古学 Ⅱ	菊池徹夫編	2500円
23	バビロニア都市民の生活	S. ダリー（大津忠彦・下釜和也訳）	2800円
24	中米の初期文明オルメカ	伊藤伸幸	2500円

（価格は本体価格）